賢明学院小学校

合格問題集

- 過去頻出の問題と類題で傾向を完全把握!
- プリント形式の実践タイプ!
- 問題の評価ポイントや学習のコツ、注意すべき点など詳しく解説!!

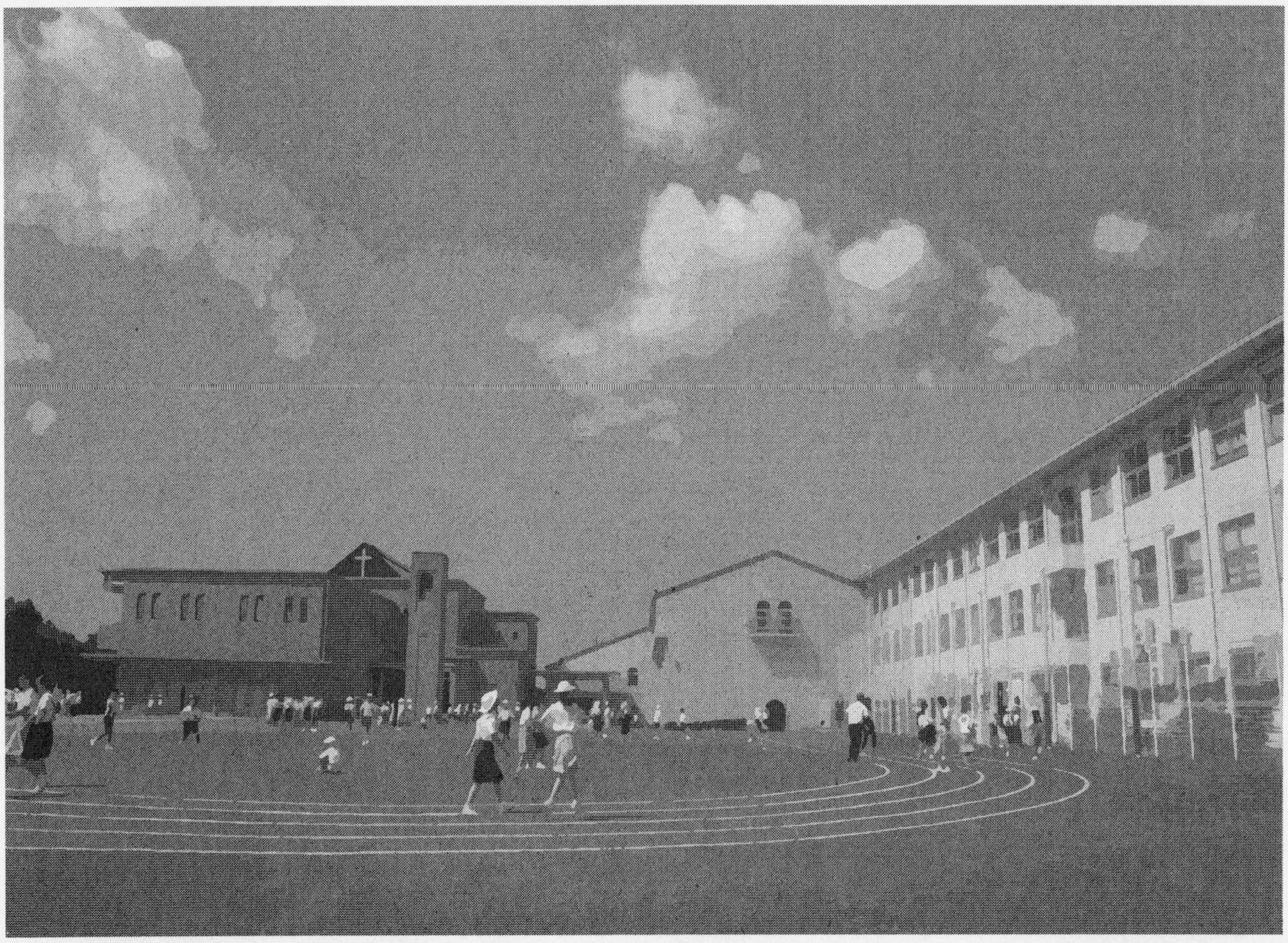

●資料提供●
くま教育センター

ISBN978-4-7761-5333-7
C6037 ¥2300E

日本学習図書

定価　本体2,300円＋税

9784776153337

こんなこと…ありませんか？

「ニチガクの問題集…買ったはいいけど、、、
この問題の教え方がわからない（汗）」

メールでお悩み解決します！

- ☆ ホームページ内の専用フォームで必要事項を入力！
- ☆ 教え方に困っているニチガクの問題を教えてください！
- ☆ 確認終了後、具体的な指導方法をメールでご返信！
- ☆ 全国どこでも！ スマホでも！ ぜひご活用ください！

<質問回答例>

学習のポイント

推理分野の学習では、後の学習に活きる思考力を養うことができます。ご家庭で指導する場合にも、テクニックにたよらず、保護者の方が先に基本的な考え方を理解した上で、お子さまによく考えさせることを大切にして指導してください。

Q.「お子さまによく考えさせることを大切にして指導してください」と学習のポイントにありますが、考える習慣をつけさせるためには、具体的にどのようにしたらいいですか？

A. お子さまが考える時間を持てるように、質問の仕方と、タイミングに工夫をしてみてください。
たとえば、「答えはあっているけど、どうやってその答えを見つけたの」「答えは○○なんだけど、どうしてだと思う？」という感じです。はじめのうちは、「必ず 30 秒考えてから手を動かす」などのルールを決める方法もおすすめです。

まずは、ホームページへアクセスしてください!!

http://www.nichigaku.jp　日本学習図書　検索

家庭学習ガイド
賢明学院小学校

入試情報

出題形態：ペーパー・個別テスト
面　　接：親子面接（A日程のみ保護者面接もあり）
出題領域：ペーパー（言語、数量、記憶、図形、常識など）、行動観察、制作

入試対策

当校の入試は、A～D日程の4回行われます。A日程は口頭試問と行動観察のみのノンペーパー試験、それ以外はペーパーテストと行動観察という内容で行われます。ペーパーテストは「お話の記憶」「推理」「数量」分野の出題が目立ちます。数量では「計数」「分配」、推理では「系列」「位置の移動」など、分野の中でも特定の問題が多く出題されているので、対策は容易でしょう。A日程の口頭試問は、他日程のペーパーテストに準じた出題内容です。基礎学習を各分野で行った上で前述の「よく出る問題」を学習するという対策はもちろん有効です。面接はA日程のみ保護者面接と親子面接、B～D日程は親子面接のみが行われます。質問内容はオーソドックスなものですが、入学意志の確認といった側面もあるので、保護者間で意見の食い違いがないようにしておきましょう。

- ●「お話の記憶」のお話は標準的な長さの記憶しやすいものです。読み聞かせなどお話を聞くことに慣れておけば充分に対応できるでしょう。
- ●推理分野の問題は全日程で出題されています。特に「系列」「位置の移動」の問題は頻出しているので、充分に慣れておきましょう。
- ●行動観察は指示の理解と協調性が観点です。複雑な課題ではないだけに、トラブルなどは起こさないようにしましょう。

必要とされる力 ベスト6

チャートで早わかり！

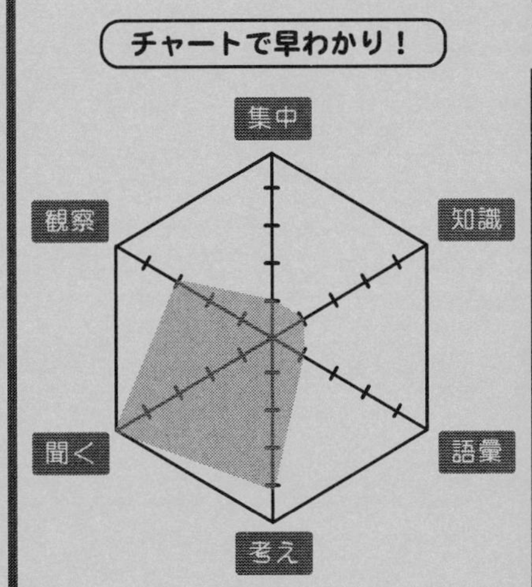

特に求められた力を集計し、左図にまとめました。
下図は各アイコンの説明です。

	アイコンの説明
集中	集中力…他のことに惑わされず1つのことに注意を向けて取り組む力
観察	観察力…2つのものの違いや詳細な部分に気付く力
聞く	聞く力…複雑な指示や長いお話を理解する力
考え	考える力…「～だから～だ」という思考ができる力
話す	話す力…自分の意志を伝え、人の意図を理解する力
語彙	語彙力…年齢相応の言葉を知っている力
創造	創造力…表現する力
公衆	公衆道徳…公衆場面におけるマナー、生活知識
知識	知識…動植物、季節、一般常識の知識
協調	協調性…集団行動の中で、積極的かつ他人を思いやって行動する力

※各「力」の詳しい学習方法などは、ホームページに掲載してありますのでご覧ください。http://www.nichigaku.jp

「賢明学院小学校」過去の出題データ

〈コメント〉

当校はキリスト教の精神に基づき、「豊かな心、強い意志の育成」「最上を目指して、最善の努力を」をモットーとしています。誠実で人間味豊かな人格を育てることを目指して、日常生活のあらゆる面において全力を尽くすことを重視しています。また躾の厳しさには定評があります。従って当校を受験される方は、これらの教育方針への十分な理解と同時に日常生活を通した総合的な学習が必要となります。

当校のペーパーテストは従来重点的に出題されてきた「記憶」「推理」「数量」などです。基礎問題が中心ですが、中には思考力を必要とする問題もあるので、指導にあたる保護者の方は、詰め込みの学習をさせるのではなく、さまざまなコミュニケーションを通して、お子さま自身が考え工夫する学習を目指してください。なお、A日程ではペーパーテスト行われませんが、その内容に準じた口頭試問が行わています。

行動観察では「集団遊び」「自由遊び」「制作」などが実施されており、「社会性」「協調性」がチェックされるようです。「指示を聞き、それに従って行動する」といった基本はもちろんですが、積極的に行動し、自分以外のお子さまを思いやるといった行動ができれば高い評価を得られます。

面接は全日程で親子面接が行われています（A日程では親子面接に加えて、保護者面接も行われる）。お子さまへの質問内容はオーソドックスなもので特に対策の必要はありませんが、保護者面接では進学・経済的なことを含めての家庭環境といった突っ込んだ質問もあるようです。充分に準備して面接に臨むようにしてください。

〈選考内容〉

◆面接（A：親子面接・保護者面接
　B・C・D：親子面接／いずれも入試当日）
◆ペーパーテスト（20名／10問／30分）
◆行動観察（20名／20分）
　自由遊び、グループ制作など
◆制作（20名／20分）

入試のチェックポイント
◇生まれ月の考慮…「あり」
◇受験番号…「願書提出順」

㊢ 先輩ママたちの声！

◆実際に受験をされた方からのアドバイスです。
ぜひ参考にしてください。

賢明学院小学校

・ペーパーテストは、基礎学習に力を入れるのがおすすめです。お子さまに合った方法で家庭教育を進めてください。

・（日程によっては）試験時間が長いので、お子さまにはある程度の体力と集中力が必要だと思います。

・Ａ日程とそのほかの日程では試験内容が違います。お子さまの性格に合わせて選ぶとよいと思います。

・試験の内容は子どもいわく「簡単」だそうですが、指示が多かったようです。よく聞くように言っておいた方がよいと思います。

・面接では、ほかの私立や国立小学校の受験予定を聞かれました。

・面接では説明会についての質問がありました。「内容はよくわかりましたか」といった、出席していることが前提の質問も多かったので、やはり参加は必要だと思いました。

・兄弟姉妹が通っていると有利という話を聞きましたが、特に判定に影響はないようです。周りでは合格している人もそうではない人もいました。

賢明学院小学校
合格問題集

〈はじめに〉

現在、少子化が叫ばれているにもかかわらず、私立・国立小学校の入学試験には一定の応募者があります。入試は、ただやみくもに学習するだけでは成果を得ることはできません。志望校の過去における出題傾向を研究・把握した上で、練習を進めていくこと、その上で試験までに志願者の不得意分野を克服していくことが必須条件です。そこで、本問題集は小学校を受験される方々に、志望校の出題傾向をより詳しく知って頂くために、過去に出題された問題、及び類似の問題を結集いたしました。最新のデータを含む精選された過去・対策問題集で実力をお付けください。

また、志望校の選択には弊社発行の**「近畿圏・愛知県　国立・私立小学校進学のてびき」**をぜひ参考になさってください。

〈本書ご使用方法〉

◆出題者は出題前に一度問題を通読し、出題内容などを把握した上で、〈 準 備 〉の欄に表記してあるものを用意してから始めてください。
◆お子さまに絵の頁を渡し、出題者が問題文を読む形式で出題してください。問題を読んだ後で、絵の頁を渡す問題もありますのでご注意ください。
◆**「分野」**は、問題の分野を表しています。弊社の問題集の分野に対応していますので、復習の際の目安にお役立てください。
◆問題番号右端のアイコンは、各問題に必要な力を表しています。詳しくは、アドバイス頁（ピンク色の紙１枚目下部）をご覧ください。
◆一部の描画や工作、常識等の問題については、解答が省略されているものがあります。お子さまの答えが成り立つか、出題者ご自身でご判断ください。
◆〈 時 間 〉につきましては、目安とお考えください。
◆**学習のポイント**は、長年にわたり小学校受験分析を行ってきた弊社編集部によるアドバイスです。その問題を出すことで学校側が子どものどのような点を観ているか、その問題の対策としてどのような学習が効果的か等、詳しく記してありますので、指導の際のご参考にしてください。
◆**【おすすめ問題集】**は各問題の基礎力養成や実力アップにお役立てください。

〈本書ご使用にあたっての注意点〉

◆文中に**この問題の絵は縦に使用してください。**と記載してある問題の絵は縦にしてお使いください。
◆〈 準 備 〉の欄で、クレヨン、クーピーペンと表記してある場合は12色程度のものを、画用紙と表記してある場合は白い画用紙をご用意ください。
◆文中に**この問題の絵はありません。**と記載してある問題には絵の頁がありませんので、ご注意ください。なお、問題の絵の右上にある番号が連番でなくても、中央下の頁番号が連番の場合は落丁ではありません。
下記一覧表の●がついている問題は絵がありません。

問題１	問題２	問題３	問題４	問題５	問題６	問題７	問題８	問題９	問題10
					●	●	●		
問題11	問題12	問題13	問題14	問題15	問題16	問題17	問題18	問題19	問題20
				●	●				
問題21	問題22	問題23	問題24	問題25	問題26	問題27	問題28	問題29	問題30
問題31	問題32	問題33	問題34	問題35	問題36	問題37	問題38	問題39	問題40

◎学習効果を上げるため、前掲の「家庭学習ガイド」及び「合格のためのアドバイス」をお読みになり、各校が実施する入試の出題傾向を、よく把握した上で問題に取り組んでください。
※冒頭の「本書ご使用方法」「ご使用にあたっての注意点」も併せてご覧ください。

問題1　分野：お話の記憶

集中　聞く

〈準備〉　赤のサインペン

〈問題〉　これからするお話をよく聞いて、後の質問に答えてください。
ただし、お話を聞き終わるまで絵を見てはいけません。
明日はたかし君のおじいちゃんの誕生日です。たかし君はお母さんに「おじいちゃんにプレゼントをあげたいのだけど、何がいいと思う」と聞きました。お母さんは、「おじいちゃんが散歩の時に使う杖をあげればいいんじゃない」と言いました。次にお姉さんに聞くと「最近新聞の細かい字が見ずらいと言っていたから、ルーペをあげればいいんじゃない」と言いました。お父さんが仕事から帰ってきたので、お父さんにも聞きました。お父さんは少し考えて、「おじいちゃんは山が大好きだから、山の絵を描いてあげるといい」と言いました。たかし君は何を贈っていいかわからなくなりました。悩んでいるとおばあちゃんが、「どうしたのたかし。気分でも悪いの」と話しかけてきました。たかし君が事情を説明すると、おばあちゃんは笑って、「何でもいいのよ。おじいちゃんはたかしがくれるものならなんでもうれしいんだから」と言いました。次の日、たかし君はおじいちゃんが入院している病院に、お見舞いに行きました。「おじいちゃん、誕生日おめでとう」と言って、プレゼントを渡すとおじいちゃんはとてもうれしそうでした。「これは何が描いてあるんだい」とおじいちゃんはたかし君に聞きました。たかし君は「僕とおじいちゃんが登る山の絵だよ」と言いました。

①１番上の段を見てください。お母さんがおじいちゃんのプレゼントにいい、と言ったものはなんですか。○をつけてください。
②真ん中の段を見てください。お姉さんがおじいちゃんのプレゼントにいい、と言ったものはなんですか。○をつけてください。
③１番下の段を見てください。たかし君が描いた絵はどれですか。○をつけてください。

〈時間〉　各15秒

〈解答〉　①右から２番目（杖）　②左から２番目（ルーペ）　③左から２番目

学習のポイント

当校のお話の記憶で題材にされるお話は、志願者と同年代の子どもが主人公の場合が多く、聞き手にも共感しやすいのではないでしょうか。同年代の日常を描くストーリーですから、突飛な展開や登場人物の行動がない点も、すんなりと話に入れる要素となっているでしょう。また、このような課題では、ほかの志願者もほぼ間違えませんから、ケアレスミスがないように慎重に解答する必要があります。また、登場人物の気持ちを推察する問題や、ストーリーとは直接関係ない分野の質問（季節や理科的常識を聞くなど）を聞くといった、応用力が必要な出題はほとんどありません。「登場人物は～の～人で」「～は～した」といった「事実」を整理しながら聞けば、それほど苦労しないはずです。まずは短いお話をたくさん聞き、「事実」を正確に記憶する訓練から始めてみましょう。

【おすすめ問題集】
１話５分の読み聞かせお話集①・②、１話７分の読み聞かせお話集入試実践編①
お話の記憶 初級編・中級編・上級編、Ｊｒ・ウォッチャー19「お話の記憶」

問題2　分野：数量

考え　観察

〈準備〉　鉛筆

〈問題〉　①左のリンゴと真ん中のリンゴを合わせるといくつになりますか。その数だけ右の四角に○を書いてください。②も同じように答えてください。
③左のリンゴと真ん中のリンゴではいくつ違いますか。その数だけ右の四角に○を書いてください。④も同じようにしてください。

〈時間〉　各30秒

〈解答〉　①8　②12　③5　④1

学習のポイント

①②はたし算、③④はひき算です。当校では②のように10以上の数が出題されることもあるので、指折り数えていては時間内に答えられません。また、③④ではそれぞれの四角に描いてあるリンゴに印をつけていく（左のリンゴ１つに印をつけ、次に真ん中のリンゴに印をつけるということを繰り返す）というテクニックもありますが、これも数が多くなってくると時間がかかるでしょう。理想はこの程度の数なら「～個ある」とひと目で判断して、次にたしひきするという手順ですが、今の段階では無理というお子さまも多いかもしれません。もしお子さまがそうなら、リンゴの集合を「分けて」数えてみてください。例えば、10個あるリンゴを「２個×５」でよいですし、「３個＋３個＋３個＋１個」でもよいでしょう。計算が速くなるだけでなく、勘違いも少なくなります。

【おすすめ問題集】
Ｊｒ・ウォッチャー14「数える」、38「たし算・ひき算１」、
39「たし算・ひき算２」、42「一対多の対応」

問題3　分野：推理（位置の移動）

聞く　集中

〈準備〉　鉛筆

〈問題〉　今から言う通りに動物を動かします。例えば、私が「下に１」と言ったら、動物を下へ１つ動かします。「右に４」と言ったら、そこから右へ４つ動かします。途中に水たまりがある時は、そのマスを跳び越えて数えます。
①ネコさんの上に指を置いてください。
左に４、右上に１、上に５、右に３、下に３、左に７、下に２、右下に１。この場所に○を書いてください。
②サルさんの上に指を置いてください。
右に５、上に２、下に５、右上に１、左に８、左下に１、右に１、右に２、下に２。この場所に△を書いてください。

〈時間〉　各10秒

〈解答〉　下図参照

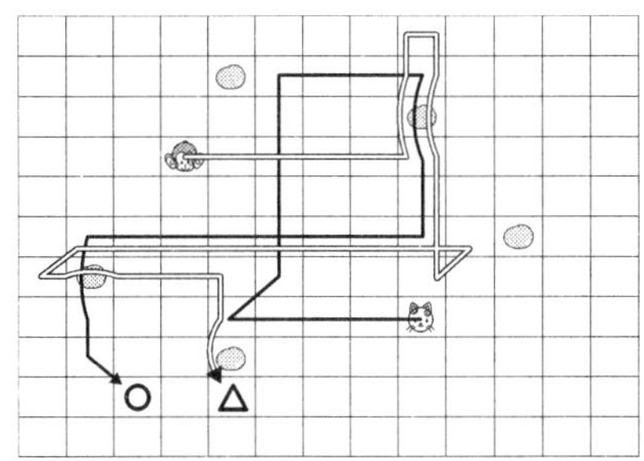

学習のポイント

例年出題されている位置の移動の問題です。斜めの移動があったり、水たまりを飛び越えると１マスとカウントするというルールがあったりします。指示を正確に聞き取り、その通りに動かせばよいので何も難しいところはありません。「指示を聞き取る」ことができていなければ、聞き方を工夫しましょう。一度に複数の指示を受けると混乱するというなら、指示を受けるたびにメモをとったり、声を出さずに指示を頭の中で指示を繰り返せばケアレスミスも減るはずです。「４マス右に動かす時には、『→→→→』とメモをとる」といった形で自分なりのルールを決めておけば、反応が早くなり作業のスピードも上がります。また、解答時間に余裕ができると、答えを確認できるので答えの精度もあがるでしょう。

【おすすめ問題集】
Ｊｒ・ウォッチャー47「座標の移動」

家庭学習のコツ①　「先輩ママのアドバイス」を読みましょう！

本書冒頭の「先輩ママのアドバイス」には、実際に試験を経験された方の貴重なお話が掲載されています。対策学習への取り組み方だけでなく、試験場の雰囲気や会場での過ごし方、お子さまの健康管理、家庭学習の方法など、さまざまなことがらについてのアドバイスもあります。先輩ママの体験談、アドバイスに学び、ステップアップを図りましょう！

問題4　分野：推理（系列）

考え　観察

〈準備〉　鉛筆

〈問題〉　それぞれの段の絵を見てください。サイコロの目があるお約束で並んでいます。空いている四角にはどのサイコロの目が入るでしょうか。サイコロの目の数だけ右の四角の中に○を書いてください。

〈時間〉　各１分

〈解答〉　①２　②３　③２　④４　⑤５

学習のポイント

系列の問題は、まずじっくりとどういうパターンがその並びにあるのかを考えることが大切です。パターンを見つけるには、観察力と「～だから～だ」という論理的思考が必要でしょう。こういった能力はこれからの学習でも役立つものですから、最初から前後だけを見て、空欄を埋めるというペーパーを解く上でのテクニックを使って考えるのはやめてください。せっかくのチャンスを無駄にすることになります。この問題では系列にサイコロを使っていますから、数が増減する系列、つまり数列を考えることになります。○△◇といった記号が並ぶ系列の問題よりは少し難しいかもしれませんが、学ぶところが多い問題です。答えだけなく、考え方も理解するようにしましょう。

【おすすめ問題集】

Ｊｒ・ウォッチャー６「系列」、Ｊｒ・ウォッチャー31「推理思考」

問題5　分野：言語（しりとり）

語彙

〈準備〉　赤のサインペン

〈問題〉　左上の◎からはじめて左下のスイセンまで、しりとりでつながるように進んでください。途中、空いているところがありますので、当てはまる絵を下の四角の中から選んでください。空いているところの印と同じ印をそれぞれの絵の上に書いてください。

〈時間〉　１分

〈解答〉　下図参照

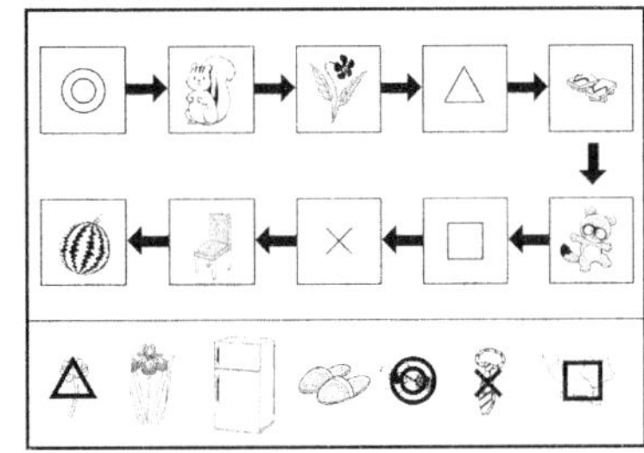

ご家庭で簡単にできるしりとり遊びが、本問のような問題への対策の基礎となります。語彙はもともと時間をかけずに身に付けることができないものです。出かけた時など、お子さまに「これは何ていうお花だった？」などと問いかけてみましょう。答えを教えるだけでなく、関連知識を教えれば、咲く季節など、ひとまとめに学ぶことができます。なお、本問では頭文字が同じ絵（冷蔵庫・レンゲ）がありますが、どちらかはその次が続かないようになっています。よく考えずに選んでしまうと、混乱してしまうかもしれませんので注意してください。しりとりの終わりから「前の言葉は何か」と考えるのも１つの手です。

【おすすめ問題集】
Ｊｒ・ウォッチャー17「言葉の音遊び」、18「いろいろな言葉」、
49「しりとり」、60「言葉の音（おん）」

問題6　分野：行動観察・運動

聞く　協調

〈準備〉　コーン（３本）、ロープ（６ｍ程度・１本）、ひも（８ｍ、赤・白各１本）
※コーンは２ｍ程度の間隔を開け設置する。
※この問題は５人のグループで行なう。

〈問題〉　**この問題の絵はありません。**
①先生がした通りに真似してください（サメ・カニ・マンボウなどのポーズをする）。
②これから「電車ごっこ」をしますから、赤と白のひもを使って「レール」を引いてください。
③ロープを輪にしてその中に全員で入り、縦一列に並んでください。
④全員でロープを持ち、「シュッシュッポッポ」と言いながら、「レール」の上を走ってください。

〈時間〉　適宜

〈解答〉　省略

学習のポイント

①は行動観察前の準備運動として行なわれる運動です。模倣体操が行なわれることが多いようです。②以降は行動観察です。グループで行われる課題ですから、協調性、つまりほかの志願者と役割分担をしながら目的をスムーズに実行することが主な観点になっています。実際の評価項目は、「（ほかの志願者と）とトラブルを起こしていないか」「積極的に行動しているか」「指示を理解しているか」といったものですから、ほとんどのお子さまにはふだん通りにしていればよいとアドバイスしておけば問題ないでしょう。集団行動に問題のあるお子さま、コミュニケーションをとることに問題のあるお子さまは、問題集に取り組む以前に基本的なこととして、「指示されたことを理解してその通りに実行する」「同年代のお子さまと触れ合う機会を求め、協調性を育む」という２つのことを意識してください。

【おすすめ問題集】
新運動テスト問題集、Ｊｒ・ウォッチャー28「運動」、29「行動観察」

問題7　分野：制作（課題画）

話す　創造

〈準備〉　クレヨン、画用紙

〈問題〉　**この問題の絵はありません。**
「あなたの家族」を描いてください。
（絵を描いた後で）
・「誰が描いてありますか」
・「何をしているのですか」
などの質問を試験官が行なう。

〈時間〉　10分

〈解答〉　省略

学習のポイント

当校の入試ではA日程、それ以外の日程ともに、制作の課題が出されています。ほとんどは絵を描くという課題で、あまり制約もないので作業自体にはあまり気をつかうことはないでしょう。こういった課題では絵を描くという作業にお子さまは集中しがちですが、絵を描いた後の「質問」にも注意してください。むしろ、こちらが評価の対象になっていることがあります。質問を理解し、それに沿った答えが言えればよいのですが、制作に夢中になって受け答えがおろそかになると、「コミュニケーションが取れない」と評価されるかもしれません。答えの内容自体は常識を疑われるものでなければ、特に問題にされることはありません。少々変わった内容でも「個性の表現」と取ってくれます。

【おすすめ問題集】
実践 ゆびさきトレーニング①②③、Jr・ウォッチャー22「想像画」、
24「絵画」、29「行動観察」

家庭学習のコツ②　「家庭学習ガイド」はママの味方！

問題演習を始める前に、試験の概要をまとめた「家庭学習ガイド（本書カラーページに掲載）」を読みましょう。「家庭学習ガイド」には、応募者数や試験課目の詳細のほか、学習を進める上で重要な情報が掲載されています。それらの情報で入試の傾向をつかみ、学習の方針を立ててから、対策学習を始めてください。

問題8　分野：面接

話す　考え

〈準 備〉　なし

〈問 題〉　**この問題の絵はありません。**

※志願者への質問
・今日はここへどうやって来ましたか。
・１番仲のよいお友だちを教えてください。
・お友だちと何をして遊びますか。
・家族の好きなところを教えてください。
・お休みの日は何をしていますか。
・お手伝いはしていますか。
・家族で出掛けて楽しかったところはどこですか。
・何かスポーツはしていますか。
・嫌いな食べ物はありますか。

※保護者への質問
・志願理由をお聞かせください。
・カトリック教育についてどのようにお考えですか。
・今の子どもたちに欠けていることは何だと思いますか。
・子育てでうまくいかないことはありますか。
・当校に通学する時、どういった経路を予定していますか。
・（大阪教育大学の）附属小学校は受験されますか。

〈時 間〉　約15分

〈解 答〉　省略

学習のポイント

Ａ日程では、親子面接と保護者面接が別々に行われます。どちらも10分から15分ほどの質疑応答が行われます。進路、生活、教育方針、保護者の仕事内容などさまざまな質問がありますが、内容はともかく、２つの面接で返答が変わらないように注意しましょう。かなり念入りな面接ですが、結局は入学意志の確認が目的です。そうなると当然のことですが、併願校や兄弟の進路、家庭の経済状況など突っ込んだことにまで質問が及ぶことになります。答えにくいこともあるでしょうが、ごまかしていると不信感を招くことになります。はっきりと考えていることを伝えましょう。なお、お子さまへの質問には、特に難しいものはありません。内容を理解して、それにきちんと答えるという基本的なコミュニケーションがとれれば問題ないでしょう。

【おすすめ問題集】
面接テスト問題集、保護者のための入試面接最強マニュアル

家庭学習のコツ③　**効果的な学習方法～問題集を通読する**

過去問題集を始めるにあたり、いきなり問題に取り組んではいませんか？　それでは本書を有効活用しているとは言えません。まず、保護者の方が、すべてを一通り読み、当校の傾向、ポイント、問題のアドバイスを頭に入れてください。そうすることにより、保護者の方の指導力がアップします。また、日常生活のさまざまなことから、保護者の方自身が「作問」することができるようになっていきます。

問題9　分野：記憶（お話の記憶）

集中　聞く

〈準備〉　赤のサインペン

〈問題〉　夏休みのある日、ひろしくんはお父さん、おかあさん、妹のはなちゃんと一緒におじいさん、おばあさんの家へ泊まりに行くことになりました。家を出発すると電車に乗り、その後にバスに乗っておじいさん、おばあさんの家へ向かいます。途中、電車を降りた駅の前にあるお店で、ひろしくんは花火を買いました。ひろしくんがたくさん花火を買おうとすると、おかあさんが「そんなにいっぱい買ってはだめよ」と言ったので、あわてて、何本かの花火を、お店の棚に戻しました。バスに乗っておじいさんの家へ向かう道には、ヒマワリの花がたくさん咲いていました。おじいさん、おばあさんの家に着くと、玄関の前に２人が立っていて、「よく来たね」と言ってくれました。おじいさんはひろしくんが持っている花火を見て、「夜になったら花火をしようね」と言いました。おばあさんとおかあさんが作ってくれた晩ごはんを食べた後、家の前の空き地で花火をすることになりました。ひろしくんはさっそく、おじいさん、おばあさん、おとうさん、おかあさん、はなちゃんに花火を１本ずつ配りましたが、配り終えると「ぼくのがない！」と気づきました。おばあさんとおじいさん、おかあさんは「私たちは花火をしないよ」と言って花火をひろしくんに返してくれたのでひろしくんは「やった」とよろこびました。ひろしくんがお父さんに借りたライターで花火に火を点けようとすると、おじいさんが「危ないから、私が点けてあげよう」と言って、花火に火を点けてくれました。その花火からは緑色の火花が散ってとてもきれいです。お父さんの花火からは、青色の火花が、はなちゃんの持っている花火からは、赤色の火花が出ました。

（問題９の絵を渡す）
①上の段を見てください。花火をしなかったのは誰ですか。○をつけてください。
②下の段を見てください。ひろしくんたちは何に乗っておじいさん、おばあさんの家に行きましたか。○をつけてください。

〈時間〉　各30秒

〈解答〉　①○：おかあさん、おじいさん、おばあさん　②○：バス、電車

学習のポイント

当校で出題されるお話の記憶の問題は、いずれもお話が短く、簡潔です。登場人物の数も少ないので、しっかりと聞いていればその情景を記憶することは、難しいことではないでしょう。苦手意識を持つ子も多い「お話の記憶」ですが、当校の入試の問題は記憶力も知識もそれほど必要なものではありません。混乱することがないように「誰が、なにを、いつ、どのようにしたか」という要点を押さえながら聞きましょう。自然と情報が整理されるので、スムーズに答えられるはずです。準備としては、読み聞かせに慣れておくこと、読んだ後に「どんなお話だった？」と質問するといったことで充分でしょう。あまりにも記憶ができていなければ、記憶力を伸ばすと言うより、「効率のよい話の聞き方」についてアドバイスするようにしてください。

【おすすめ問題集】
１話５分の読み聞かせお話集①・②、１話７分の読み聞かせお話集入試実践編①
お話の記憶 初級編・中級編・上級編、Ｊｒ・ウォッチャー19「お話の記憶」

問題10　分野：数量

考え　観察

〈準備〉　赤のサインペン

〈問題〉　絵を見てください。この中で1番多いものに○を、2番目に多いものに△を、2番目に少ないものに□を、1番少ないものに×をつけてください。

〈時間〉　2分

〈解答〉　○：左下　△：左上　□：右上　×：右下

学習のポイント

前述しましたが、2つの集合なら、ひと目でどちらが多い少ないかがわかる程度の感覚は持っておきたいところです。この問題なら、隣のものと比べて多い・少ないがひと目でわかるということになります。小学校受験の場合は、そういった感覚を持つと言っても、10以下の数に限ってのことですから、具体物（おはじきなど）を並べたり、生活で目にするものの数を比較したりする間に自然に身に付くでしょう。この問題がスムーズに答えられないなら、その感覚が充分に身に付いていないということです。その対策として類題を解くのもよいですが、基本的な数える能力が未熟なのに計算などをさせると、こうした問題が苦手になるかもしれません。遊びの中でよいので、数えること、どちらが多い少ないという感覚を育てるという考えで、お子さまを指導してください。

【おすすめ問題集】

Ｊｒ・ウォッチャー14「数える」

問題11　分野：推理（観覧車）

考え　観察

〈準備〉　赤のサインペン

〈問題〉　さまざな形が順番に書かれた観覧車があります。空いているところにはどの形が入りますか。正しいものに○をつけてください。

〈時間〉　20秒

〈解答〉　1番下

学習のポイント

「お約束（パターン）」を見つける系列の問題です。まず起点（1番目）となる形を決めます。例えば空白が3つ続いた後の「○」を起点として順に見ると、「○、○、×」と記号が並んでいます。続けて見ていくと、5、6、7番目にまた「○、○、×」があります。このことから、5番目から新しい繰り返しが始まっていることがわかり、「お約束」は「○、○、×、△」になります。「お約束」がわかったら、3つ並んだ空白の前の記号を確認します。記号は「○」ですので、続く記号は「○、×、△」の組み合わせになります。観覧車の問題に限っては、記号の前後のつながりを1つひとつ見て「お約束」を見つてもよいでしょう。問題としてかなり複雑なので、パターンを見つけようと考えてしまうとかえって答えがわからなくなることがあります。

【おすすめ問題集】
Ｊｒ・ウォッチャー６「系列」、50「観覧車」

問題12　分野：言語（しりとり）

語彙

〈準　備〉　赤のサインペン

〈問　題〉　絵を見てください。左上のキクからはじめて、しりとりをしながら右下のライオンまで進みます。しりとりをしていくのに、正しい絵を見つけて○を書いてください。

〈時　間〉　1分

〈解　答〉　下図参照

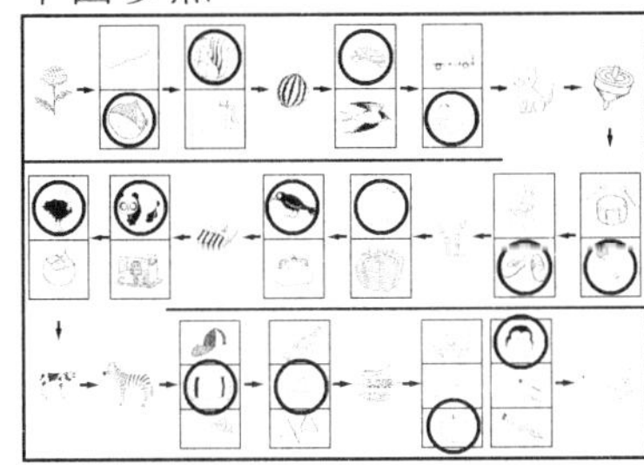

学習のポイント

当たり前のことですが、しりとりは絵に描いてあるものの名前を知っていないと答えることはできません。推測して答えるのはかなり難しい問題なので、事前にどれだけ語彙を豊かにしておくことが唯一の対策となるわけです。この問題、答える数は多いですが、年齢相応の語彙があれば名前はわかるものばかりが並んでいます。間違えるとすれば、語彙が足りないということになるので、やはりくらしや遊びを通して着実に語彙を増やしていきましょう。なお、しりとりに限らず、同頭音探し（名前の最初が同じ音で始まる言葉）や同尾音探し（語尾が同じ音で終わる言葉）といった言葉遊びは遊び感覚で行えるすぐれた学習方法です。こうした言葉遊びを通して、言葉が音（おん）の集まりであることを知り、言語分野の問題にもスムーズに答えられるようにしてください。

【おすすめ問題集】
Ｊｒ・ウォッチャー17「言葉の音遊び」、49「しりとり」、
60「言葉の音（おん）」

問題13　分野：言語（複合）

語彙　考え

〈準備〉　赤のサインペン

〈問題〉　①上の段を見てください。左の四角に描いてある絵にそれぞれ数え方に合わせた記号がついています。例えば、鉛筆に○がついていますが、○は鉛筆の数え方という意味になるというお約束です。右の四角に描いてあるものにお約束に合わせて記号をつけてください。
②真ん中の段を見てください。「まく」という動作の絵には○を、「ひく」という動作の絵には△をつけてください。
③下の段を見てください。左の四角に描いてある絵の真ん中の音をつなげてできる言葉を右の四角から選んで○をつけてください。

〈時間〉　1分

〈解答〉　下図参照

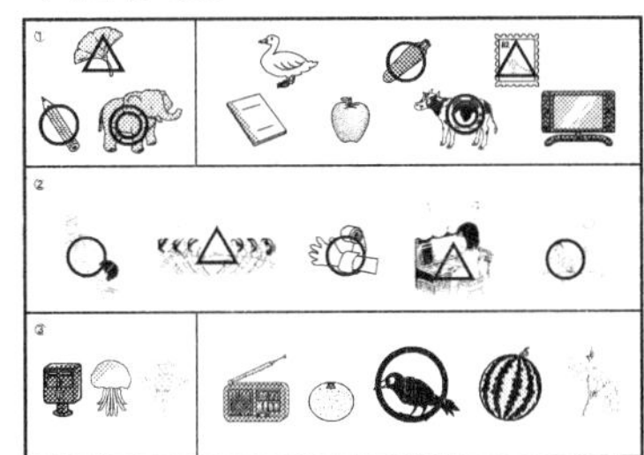

学習のポイント

言語分野の総合問題です。①は数え方（「数詞」と言います）についてたずねる問題です。最近は箪笥（たんす）を「一竿（さお）」と数えない人も多いように、年々変化する言葉ですが、ふだんの生活で目にするものついては最低限知っておきましょう。本、皿、生きものなど「～個」と数えないものに注意です。②は動作を表す同音異義語の問題です。ほかには「きる」「はく」「ふく」などが出題されますが、不安に思うようなら類題を解いてください。充分対応できます。③は言葉の音（おん）に関する問題です。しりとりができるお子さまなら、言葉がいくつかの音でできていることは理解しているのでしょうが、「真ん中の音」と言われると「？」となってしまうお子さまもいるかもしれません。そういうお子さまには言葉を一音ずつ区切って発音させてください。「く」「じ」「ら」と言ってもらえば、たいていのお子さまは、言葉が音の集まりだということを理解してくれます。

【おすすめ問題集】

Ｊｒ・ウォッチャー17「言葉の音遊び」、60「言葉の音（おん）」

家庭学習のコツ④　効果的な学習方法～お子さまの今の実力を知る

1年分の問題を解き終えた後、「家庭学習ガイド」に掲載されているレーダーチャートを参考に、目標への到達度をはかってみましょう。また、あわせてお子さまの得意・不得意の見きわめも行ってください。苦手な分野の対策にあたっては、お子さまに無理をさせず、理解度に合わせて学習するとよいでしょう。

問題14　分野：図形（位置移動）

聞く　観察　集中

〈準 備〉　赤のサインペン、カスタネット、鈴、タンバリン、笛

〈問 題〉　カスタネットが鳴ったら上へ、笛が鳴ったら下へ、タンバリンが鳴ったら左へ、鈴が鳴ったら右へ、音の数だけ動物を動かします。
①カエルが最後に止まったところに、○を書いてください。
（タンバリンを５回、カスタネットを３回、鈴を６回鳴らす）
②リスが最後に止まったところに、△を書いてください。
（カスタネットを３回、鈴を４回、タンバリンを５回、笛を３回鳴らす）

〈時 間〉　各15秒

〈解 答〉　下図参照

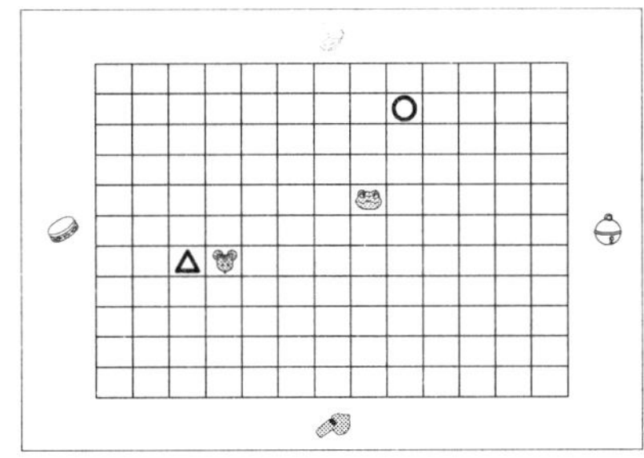

学習のポイント

座標移動の問題です。４種類の音を使った上下左右の移動というやや複雑な形です。とは言っても、指示（音）に合わせて指や鉛筆の先でマス目をたどり、移動先を確認しながら聞くようにすれば正解できます。しつこいようですが、指示はよく聞くようにしてください。こうした位置移動の問題では、紙に書かれた矢印や、テスターの口頭での指示で移動先が指定される場合が多いのですが、本問は楽器の音によって指示される珍しい形式です。矢印や方向の指示通りに直接動かすのとは違い、音を方向に変換する作業が加わります。もし上手くできないようならば、移動指示の種類や回数を減らして練習をしてみてください。

【おすすめ問題集】
Ｊｒ・ウォッチャー47「座標の移動」

問題15　分野：制作（課題画）

聞く　創造

〈準 備〉　クレヨン、画用紙

〈問 題〉　**この問題の絵はありません。**
※クレヨンと画用紙はあらかじめ渡しておく。
お父さん、お母さんがよろこぶ絵を描いてください。

〈時 間〉　10分

〈解 答〉　省略

学習のポイント

近年の制作の課題では、制作した絵画や工作について、質問されたり、発表したりしすることが多くなっています。この問題のように想像したものを描いた場合でも、「それがなにか」を言葉にする必要があります。創造力を豊かにすることも重要ですが、語彙を含めた表現力が当校の試験では優先されるということでしょう。作品の質を上げるための訓練はそれほど必要ではなく、「何を描いたか」「その理由」などをたずねられた時に、きちんと答えるだけのコミュニケーション力を鍛えた方が、試験対策という意味では正解かもしれません。

【おすすめ問題集】
実践ゆびさきトレーニング①②③、Ｊｒ・ウォッチャー22「想像画」、24「絵画」

問題16　分野：行動観察（集団遊び）

協調

〈準備〉　長さ１ｍ程度の棒（地面に立つようにする）、空き箱（高さ10～20cm程度のもの）、段ボール箱

〈問題〉　**この問題の絵はありません。**
（この問題は４人程度のグループで行う。あらかじめ、棒を地面に立てておき、空き箱を段ボール箱の中に入れておく）
私（出題者）が「はじめ」と言ったら、段ボールから空き箱を取り出して、棒より高くなるように箱を積みましょう。私が「やめ」と言ったら、積むのをやめて座りましょう。「片付けましょう」と言ったら、みんなで空き箱を崩して片付けましょう。

〈時間〉　適宜

〈解答〉　省略

学習のポイント

全日程共通の課題です。空き箱は軽く、積み上げると不安定になるので、高く積むには工夫が必要です。グループで話し合って協力しなければいけません。知らない場所ではじめて出会うお友だちと一緒に作業をするとなると、ふだんは大人しいお子さまでも思わぬ行動をとってしまうことがあるので注意してください。観点は協調性のみと考えてください。積極的にイニシアティブをとってもよいですが、やり過ぎると「協調性がない」という評価になってしまうかもしれません。当校は自由な雰囲気の学校ですが、入学後に問題なく学校生活を送ってくれそうな児童を選んでいることに変わりはありません。

【おすすめ問題集】
Ｊｒ・ウォッチャー29「行動観察」、新口頭試問・個別テスト問題集

問題17　分野：記憶（お話の記憶）

集中 聞く

〈準 備〉 赤のサインペン

〈問 題〉 来年１年生になるきょうこちゃんは、弟のたかしくん、友だちのかおるちゃん、たろうくん、こうたくんの５人で、近所の公園に遊びに行きました。たかしくんは、たろうくんが自分と同じマークのついた帽子を被っていたので、「同じ星マークの帽子だね」と言いました。たろうくんは「マークは同じだけど帽子の色は僕が白で、たろうくんのは黒いね」と言いました。公園に着くと、たろうくんがたかしくんに「何して遊ぶ」と聞きました。たかしくんは「かくれんぼがしたい」と言ったので５人でかくれんぼをすることになりました。じゃんけんをして、最初のオニはたかしくんになりました。きょうこちゃんとたかしくんは、ブランコの柱の後ろにかくれました。かおるちゃんはシーソーの後ろに、こうたくんは、公園の入口の近くにある木の後ろに隠れました。たろうくんが、100まで数えた後、最初にきょうこちゃんとたかしくんを、次にかおるちゃんを見つけました。こうたくんはなかなか見つりませんでしたが、たかしくんが「こうたくんが木の陰にいるよ」と、きょうこちゃんに言ったのをたろうくんが聞いたので、やっと見つけられました。きょうこちゃんはたかしくんに、「かくれんぼをしている時は誰がどこに隠れているとか言ってはだめよ」と言い、こうたくんに「ごめんね」と言いました。かくれんぼをした後は、おにごっこ、なわとびをして遊びました。長い時間遊んでいたので、夕方になりました。「おなかが減ったから、おうちに帰ろうよ」と、たかしくんが言ったので、みんなでそれぞれのおうちに帰りました。

（問題17の絵を渡す）

①上の段を見てください。きょうこちゃんとたかしくんが隠れていたものに○をつけてください。

②下の段を見てください。かくれんぼのオニになったのは誰ですか。○をつけてください。

〈時 間〉 各30秒

〈解 答〉 ①○：左から２番目（ブランコ）　②○：真ん中（たろうくん）

学習のポイント

繰り返しになりますが、当校のお話の記憶で題材にされるお話は、志願者の日常にありそうな題材をとりあげることが多く、理解しやすいお話が多いのが特徴です。前述した通り、ポイントを押さえながら聞けばそれほど難しくはありません。ただし、この問題の①のように「たかしくんと同じ帽子を被っているたろうくんを選ぶ」といった、やや複雑な設問や、１つの設問に解答が２つある設問があることも時折あるので注意してください。当校の入試は小学校入試としては平均的なレベルの入試だけに、このような応用力を試す問題も正解して、合格ラインに届く結果にしたいものです。お話の内容を整理しながら聞くのは当然として、どんな問題にでも対応できる柔軟な思考力を育てていきましょう。

【おすすめ問題集】

１話５分の読み聞かせお話集①・②、１話７分の読み聞かせお話集入試実践編①

お話の記憶 初級編・中級編・上級編、Ｊｒ・ウォッチャー19「お話の記憶」

問題18　分野：数量（計数）

考え

〈準 備〉　おはじき

〈問 題〉　絵を見てください。
①左側のリンゴはいくつあるでしょう。数えて同じ数だけ下の四角の中におはじきを並べてください。並べたらいくつあるか答えてください。
②右側の靴はいくつあるでしょう。数えて同じ数だけ下の四角の中におはじきを並べてください。並べたらいくつあるか、答えてください。

〈時 間〉　各30秒

〈解 答〉　①８個　②７足

学習のポイント

問題ごとの難易度に差があるのも当校入試の特徴の１つです。実際に出題されているので掲載していますが、単純に数えるだけ、しかもおはじきを使うので、間違える要素が見当たりません。一度答えて問題がなければ復習は必要ないでしょう。なお、入試のＡ日程（Ｄ日程まであります）ではペーパーテストはなく、口頭試問形式でこういった問題が出題されています。ペーパーテストではわからない答えるまでのプロセスまで評価されるかもしれないので、指示を理解してそれに沿った答え方をするようにしましょう。「いくつありますか」と聞かれたら「～個です」、「なぜですか」と聞かれたら「～だからです」と答えるということです。

【おすすめ問題集】
新口頭試問・個別テスト問題集、Ｊｒ・ウォッチャー14「数える」

問題19　分野：図形（点・線図形・合成）

聞く

〈準 備〉　鉛筆

〈問 題〉　左側を見てください。上の形を太線の下へ書き写してください。
右側を見てください。それぞれの段の左側の影絵は、右の四角の中の３つの絵を合わせたものです。１つだけ使わない絵を、右の四角の中から探して、○をつけてください。

〈時 間〉　各１分

〈解 答〉　左：省略　右：①ノート　②ゲタ　③ブドウ

問題の左は過去には毎年出題されていれていた点・線図形の問題です。図形を書き写すだけの問題ですから、よほど慌てない限りはミスはしないでしょう。美しくなくてもよいので、正確に書き写しましょう。右は図形の合成の問題です。このように影絵を見せて、何と何で作られているかを答えるという問題をよく見ます。図形全体を見ると混乱してしまうので、図形の特徴的な部分、影になってもわかるような形を選択肢の中に探すようにしてください。例えば、ウサギの耳やキリンの首のように特徴的な部分が影の中にあれば、反転する前の形をすぐにイメージできるでしょう。1つひとつ探していくのがコツです。

【おすすめ問題集】

Ｊｒ・ウォッチャー１「点・線図形」、９「合成」

問題20　分野：図形（パズル・展開）　観察　考え

〈準備〉　クーピーペン（黒または赤）

〈問題〉　①１番上の段の、左の絵を見てください。１枚の絵が４つに切ってあります。これがお手本です。右の絵の中から、お手本の絵の真ん中２枚になる絵を探して、それぞれに○をつけてください。
②真ん中の段の左の絵のように紙を折り、点線で切って開いた時、どんな形になりますか。正しいものに○をつけてください。
③１番下の段の左の絵のように紙を折り、点線で切って開いた時、どんな形になりますか。正しいものに○をつけてください。

〈時間〉　①20秒　②③各30秒

〈解答〉　①左端、右端　②左から２番目　③右から２番目

学習のポイント

①は同図形探しの問題です。数える問題や見る記憶の問題と同じように、全体を大きく俯瞰してから、細かい部分を見る方法が有効です。はじめから細部を見てしまうと、絵の特徴的な部分が目に入らない場合があります。本問の場合、分割線とコアラの頭部との位置関係を見ると、比較的わかりやすくなると思います。線が耳や顔のどの部分と交差し、頭部のどちら側が見えているかで、正解となる絵を判断することができます。②は展開図の問題です。紙を２つ折りにして切った時に、折り線を軸にして対称な形ができるということを理解させましょう。折れ線を軸に対称な形になるのは、４つ折り、８つ折りした時も同じです。この種の問題は、繰り返し問題を解いていくうちに、紙を切り開いた時のイメージが自然とわくようになり、正答率も高まります。より具体的にイメージができるよう、慣れないうちは、実際に紙を折ってハサミで切り、展開してみてください。折り紙遊びをしながら、楽しく学習することができます。

【おすすめ問題集】

Ｊｒ・ウォッチャー３「パズル」、４「同図形探し」、５「回転・展開」

問題21　分野：推理（位置の移動）

観察　考え

〈準備〉　クーピーペン（青）

〈問題〉　（問題21の絵を見せて）上の段を見てください。動物がマス目を動く時のお約束です。「◇の時は、下に２つ下がります。●は、右に２つ動きます。◎は、上に１つ上がります。△は、右に１つ動きます。」下の段を見てください。
①マス目の中のネコさんがマス目の右側に書いてある通りのお約束で動きました。ネコさんはどこに移動しましたか。そのマス目に青のクーピーペンで○を書いてください。
②マス目の中のクマさんがヨットまで行くにはどのように移動すればよいですか。マス目の右側のダイヤの形の横に、青のクーピーペンであてはまる形を書いてください。クマさんはダイヤの形からスタートしてください。

〈時間〉　各１分

〈解答例〉　下図参照

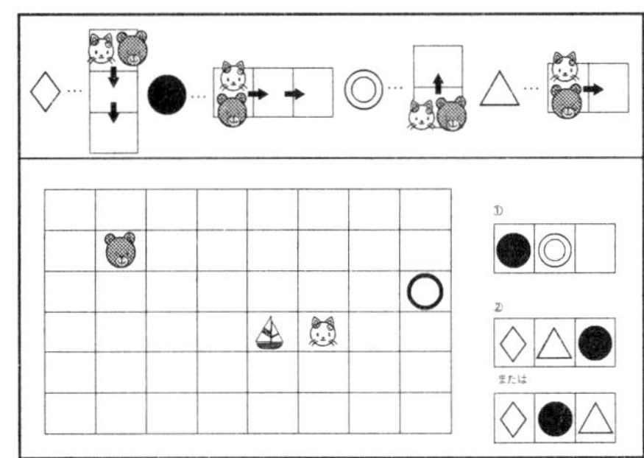

学習のポイント

「位置の移動」の問題です。①は点・線図形などの問題と同じく、まず、スタートする位置をしっかりと認識することが必要ですが、指示する通りに進めば自然と答えがわかりますから問題ないでしょう。ただし、②は移動した結果がわかっていて、どの法則に従ったかを後で推理するというかなり難しい問題です。勘のよいお子さまであればすぐに答えてしまうでしょうが、一見しただけではわかりにくいかもしれません。最初は１つひとつマーク（お約束）を当てはめながら回答していきましょう。

【おすすめ問題集】
Ｊｒ・ウォッチャー47「座標の移動」

問題22　分野:言語（しりとり）

語彙

〈準備〉　赤いサインペン

〈問題〉　絵にあるものを、できるだけたくさん使ってしりとりでつなげます。１つだけ使わないものがありますので、探して○をつけてください。

〈時間〉　２分

〈解答〉　ラクダ
（クマーマンボウーウシーシカーカラスースズメーメダカーカメ）

学習のポイント

単純なしりとりの問題のように思えますが、しりとりをどこから始めればよいかが指定されておらず、また使わないものの数が１つに限定されている（１つを残してほかをすべてつなげなければならない）ため、難しい問題となっています。１つひとつを前にくるもの、後ろに並ぶものと線でつなげながら、使わないものを探していくとよいでしょう。ただし、線はあくまで答えを探すための確認用のものですので、濃く書いてはいけません（解答と誤解されます）。なお、本問のような言葉遊びの問題に正しく答えるためには、年齢相応の語彙をそなえていることが必要です。また、言葉の意味やそれが指すものだけでなく、音についても正しく知っていなければなりません。日頃から、保護者の方が意識して正しい言葉を使うとともに、積極的に言葉遊びをして楽しみながら理解を深めていくようにするとよいでしょう。

【おすすめ問題集】
　Ｊｒ・ウォッチャー17「言葉の音遊び」、49「しりとり」、

問題23　分野：推理（系列）

考え　観察

〈準　備〉　鉛筆

〈問　題〉　①１番上の段の「○」が書いてあるところにはどの動物が入りますか。その下の段から選んで、赤鉛筆で○をつけてください。
②下から２番目の段の「△」と「×」が書いてあるところにはどの動物が入りますか。その下の段から選んで、青鉛筆で△と×をつけてください。

〈時　間〉　各30秒

〈解　答〉　①○：カバ　②△：クマ　×：タヌキ

学習のポイント

系列は並び方の約束を見つける問題です。ハウツーとして、同じ記号や絵を探してそれぞれ別の指で押さえ、その指の間隔を保ったまま、「？」になっている部分に一方の指を移動させて解答を導くという方法があります。問題の考え方を知る上では有効ですが、問題の趣旨に合いませんし、応用も利きませんから、約束を見つけるように指導してください。例えば、円形に並んだ系列になると、このハウツーを使うことが難しくなります。系列の問題は当校の頻出課題ですが、基本は「お約束」「パターン」を発見し、指示にしたがって答えるということです。類題をこなすことでその考え方に慣れ、小学校でも役に立つ解法を身に付けましょう。

【おすすめ問題集】
　Ｊｒ・ウォッチャー６「系列」、50「観覧車」

問題24　分野：言語

知識　語彙

〈準備〉　クーピーペン（青）・鉛筆

〈問題〉　**この問題の絵は縦に使用してください。**
さまざまな絵が描いてありますね。この中で名前の途中や名前の最後に「ん」が付くものの絵に青のクーピーペンで○をつけてください。

〈時間〉　1分

〈解答〉　キリン・ペンギン・ブランコ・パン・サクランボ

学習のポイント

言語分野からの出題が目立つのは当校入試の特徴の1つです。これは単純に語彙の豊富さを観ているという側面と、どのような場面でどのようにその言葉を使うかという知識を問う2つの側面あります。この問題では、単に言葉を知っているかどうかが問われていますから、間違えないように慎重に答えればよいでしょう。また、単純に語彙を増やすのであれば、単語カードやゲームなどできるだけお子さまが楽しめるような方法を、保護者の方が工夫してください。お子さまも継続して取り組めるでしょう。

【おすすめ問題集】
Ｊｒ・ウォッチャー17「言葉の音遊び」、18「いろいろな言葉」、
60「言葉の音（おん）」

問題25　分野：図形（回転図形）

観察　考え

〈準備〉　クーピーペン（黒または赤）

〈問題〉　左の形を、矢印の方向に1回まわした時、どの形になりますか。選んで○をつけてください。

〈時間〉　40秒

〈解答〉　①右から2番目　②左から2番目

学習のポイント

回転図形の問題では、回転する前の形を観察して、回転した後どのような形になるかを思い浮かべ、選択肢の中から同じ形を探します。観察力と思考力が観点です。図形を観察する際には、全体を見て、その形の特徴的な部分に注目しましょう。例えば①の場合は、右下の「×」に注目します。図形を1回まわすと、右下にある形は左下に移動するので、「×」が左下にある形の中から、答えにあうものを探せばよいわけです。②の場合も、「×」の位置に注目した方がわかりやすいでしょう。図形の特徴が把握できるようになると問題がスムーズに解けるようになります。

【おすすめ問題集】
Ｊｒ・ウォッチャー４「同図形探し」、46「回転図形」

問題26　分野：数量

観察　考え

〈準備〉　鉛筆

〈問題〉　問題の絵を見てください。それぞれの段の左側にある水槽にいるキンギョを、真ん中にある小さな金魚鉢に1匹ずつ入れて行くと、小さな金魚鉢はいくつ足りないでしょうか。それぞれの段の右の四角に足りない数だけ○を書いてください。

〈時間〉　各30秒

〈解答〉　①○：2　②○：2　③○：3

学習のポイント

おはじきなどの具体物を実際に用いて、何度も動かしながら、数の概念を身に付けることが数の感覚を身に付ける第一歩です。生活の中でも家族やお友だちとお菓子などを分けるなど機会あるごとにお子さまに「分配」の機会を与えましょう。「アメを5人に2つずつ配るなら10個必要」といった考え方はすぐに身に付くはずです。この問題では金魚鉢にキンギョを入れていていくという問題ですが、同じ分配をするということに違いはありません。小学校受験では、「1対多の対応」といったりしますが、単純な計数や簡単なたしひきを学んだ後に学ぶこととしては基礎的なものになります。当校でもよく出題されますので覚えておいてください。

【おすすめ問題集】
Ｊｒ・ウォッチャー14「数える」、15「比較」、42「一対多の対応」

問題27　分野：見る記憶

観察　集中

〈準備〉　クーピーペン（黒または赤）

〈問題〉　①（問題27－1の絵を渡し、20秒見た後、伏せさせる。問題27－2の絵を渡し）今見た絵と同じものを2つ探して、○をつけてください。
②（問題27－3の絵を渡し、20秒見た後、伏せさせる。問題27－4の絵を渡し）今見た絵と同じところに、○だけ書いてください。

〈時間〉　各15秒

〈解答〉　①下図参照　②省略

学習のポイント

見る記憶の問題は、例年当校の入学試験で出題されています。当校では、正解が複数ある問題では、あらかじめ正解の数を教えておくようです。本問でも①で「2つ」と指示されていますので、比較的答えやすいかもしれません。①はランダムに配置された帽子の中から、「同じ」帽子を選ぶ問題、②は数種類の記号の配置を覚え、1種類だけを同じように書くという問題です。このような問題では、覚える時の目の配り方がポイントになります。例えば①の場合、まず帽子が5つあることを確認します。次に、左上から順にそれぞれの帽子の特徴を見ていきます。そして特徴をつかんだ上で、もう一度全体を見回し、しっかりと印象付けをします。この全体→細部→全体という目配りの考え方は、間違い探しや、ランダムに配置された中から特定のものを数える問題などに応用できます。類題とともに、そうした分野の問題も合わせて学習することで、幅広い分野へ対応する力を養ってください。

【おすすめ問題集】
Ｊｒ・ウォッチャー４「同図形探し」、20「見る記憶・聴く記憶」

問題28　分野：巧緻性（点・線図形）

集中　創造

〈準 備〉　クーピーペン（青）・鉛筆

〈問 題〉　左のお手本の絵と同じになるように、右の点と点を鉛筆で結んでください。

〈時 間〉　２分

〈解 答〉　省略

学習のポイント

鉛筆に限らず、筆記用具を持ち慣れないお子さまにとっては、はみ出したりせずに点と点を直線で結ぶ作業は、なかなか難しいものです。特に、本問のように当校の入試では、書くべき線の数が多い問題が多いようですから、試験前に鉛筆の使用に慣れておくことは必須と言えます。日頃から、正しい鉛筆の持ち方・書く時の姿勢に気を付けて、ぬり絵や線なぞりなど、遊びの中で練習をしておきましょう。

【おすすめ問題集】
Ｊｒ・ウォッチャー１「点・線図形」、51「運筆①」、52「運筆②」

問題29 分野：常識（生活）

公衆

〈準備〉 料理をする時に出る音（材料をまな板の上で切る音、材料を炒める音）を集めた音源ソフト、音楽再生機器、鉛筆

〈問題〉 今から何かをしている時に出る音を聞いてもらいます。（材料をまな板の上で切る音、材料を炒める音を流して）その時に使わない道具を見つけて○をつけてください。

〈時間〉 15秒

〈解答〉 スコップ

学習のポイント

「音の常識」と言うべき問題です。当校では動物の鳴き声や音楽、あるいは生活音などの問題が過去にも出題されていますが、これらは「経験していないと答えられない」問題です。知識というより生活体験を聞いている問題とも言えます。対策としては、お子さまが興味をもった動物・虫・自然現象などを映像（音声つき）で確かめるのもよいですが、お手伝いをさせたり、ともに外出して実物を見た方がより印象に残るでしょう。なお、ふだん聞かないような変わった音は出題されないはずですが、仮に出題されたとしてもほとんどのお子さまにはわからないので差はつかないはずですから、気にすることはありません。

【おすすめ問題集】
Ｊｒ・ウォッチャー12「日常生活」

問題30 分野：図形（間違い探し）

集中 創造

〈準備〉 鉛筆

〈問題〉 **この問題の絵は縦に使用してください。**
問題の絵を見てください。上は家族でご飯を食べている絵です。下の絵を見ると、上の絵と違っているところがあります。違うところを見つけて、下の絵に鉛筆で○をつけてください。

〈時間〉 １分

〈解答〉 下図参照

学習のポイント

観察の基本は「全体→細部」の順で観察することです。この問題の見本の絵なら、「4人で食事をとっている」と全体を俯瞰した後、それぞれの様子を観察していきます。一通り観察した後は照合です。ぬいぐるみやロボットといった上の見本になかったものはすぐに気が付くでしょう。ほかの違いについては細部ですから、自信がなければ見本をもう一度見てもかまいません。慣れてくると細部を観察している時に、出題されそうな部分がわかってきます。なお、最近はカラーのイラストを使って、このような出題をする学校もあるようです。大きさや形だけではなく、色にも注目するようにしてください。

【おすすめ問題集】
Ｊｒ・ウォッチャー４「同図形探し」

問題31　分野：数量（積み木）

考え　観察

〈準備〉　赤いサインペン

〈問題〉　**この問題の絵は縦に使用してください。**
絵の中の積み木の数を数えて、その数だけ、右の四角の中に青色のクーピーペンで○を書いてください。

〈時間〉　各20秒

〈解答〉　①○：８個　②○：12個　③○：12個

学習のポイント

積み木の数を数える問題では、イラストでは隠れて見えない部分にも積み木があることを意識してください。後は単純に数えるだけで答えは出てしまうので、それほど難しい問題ではありません。基礎問題です。それでも理解できないようなら、実際に積み木を積んでみて、見えない部分にも積み木があることを実感してください。ほかの図形問題でも言えることですが、言葉で説明されるよりも理解できます。また、そこでわかったことがほかの問題にも応用できるのが、図形分野の問題の特徴です。ここでも「絵には描かれていないものを想像する」という思考が学べるので、ほかの問題に応用しみてください。

【おすすめ問題集】
Ｊｒ・ウォッチャー16「積み木」

問題32　分野：推理（系列）

考え　観察

〈準備〉　青鉛筆

〈問題〉　左と右の観覧車をよく見てください。左の観覧車が回って、右側のように止まりました。右側の印の書いてあるところには、どの動物が乗っているでしょうか。下に描いてある動物の下の□に青鉛筆で同じ印を書いてください。

〈時間〉　30秒

〈解答〉　▲：タヌキ　■：サル

学習のポイント

並び方を考えるので系列の問題としましたが、単純に観覧車という図形が回転すると考えても答えは出ます。ネズミとゾウの間にはタヌキが乗っていて、ネズミの真向かいに乗っているのはサル…と考えていけばよいわけです。ただしどの問題でも使えるというわけではないことも教えておいてください。例えば、ゴンドラが7つあって対称に配置されていない時には、「真向かいのゴンドラ」はないのでこの考え方は使えないということになります。どこが起点でもよいですが、並び方を考えて空欄に入るものを考える、という考え方が観覧車の問題では応用が利くのです。

【おすすめ問題集】
Ｊｒ・ウォッチャー５「回転・展開」、６「系列」、31「推理思考」、46「回転図形」、50「観覧車」

問題33　分野：位置の移動

聞く　集中

〈準備〉　鉛筆

〈問題〉　①左のマス目を見てください。★のマークの場所から、上に１つ、右に３つ行った場所に○を書いてください。
②真ん中のマス目を見てください。★のマークの場所から、下に１つ、右に３つ、上に３つ行った場所に○を書いてください。
③右のマス目を見てください。★のマークの場所から、下に２つ、左に４つ、右に３つ、上に３つ行った場所に○を書いてください。

〈時間〉　各20秒

〈解答〉　下図参照

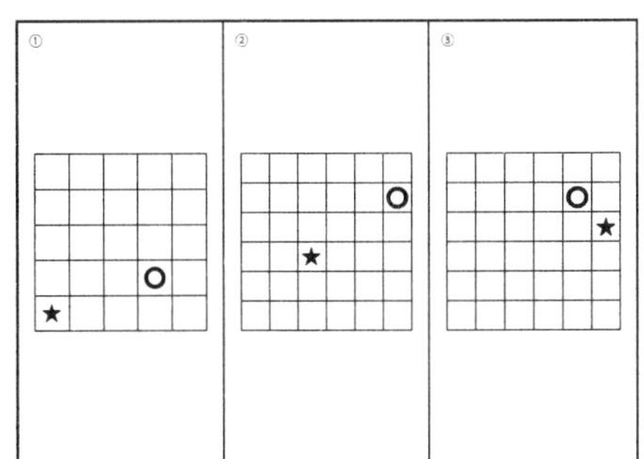

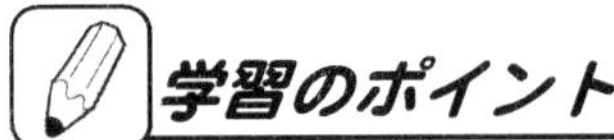

学習のポイント

上下左右の区別がしっかりついているお子さまであれば、特に難しいことはないでしょう。自分が今いるマス目を指先や筆記用具の先でおさえて確認しながら、次の指示を待って進めていけばよいでしょう。上下左右の区別があやふやなお子さまには、日常生活の中で「こっち」「あっち」といった表現でなく、「上・下・左・右・奥・手前」など位置関係を表す言葉を使うようにして、実感としてそれらが表す概念を理解できるようにしていってください。お手伝いで何かを取ってもらう時など、「右の戸棚」「上から３段目の棚」「左の引出し」のように指示を出すようにし、お子さまが指示語を実感として理解できるように促してあげるとよいでしょう。座標についての理解が深まります。

【おすすめ問題集】
Ｊｒ・ウォッチャー47「座標の移動」

問題34　分野：常識（理科）

知識

〈準　備〉　鉛筆

〈問　題〉　上の絵を見てください。上の果物や野菜を切った形を、下から選んでそれぞれの絵の黒丸同士を線を引いて結んでください。

〈時　間〉　適宜

〈解　答〉　下図参照

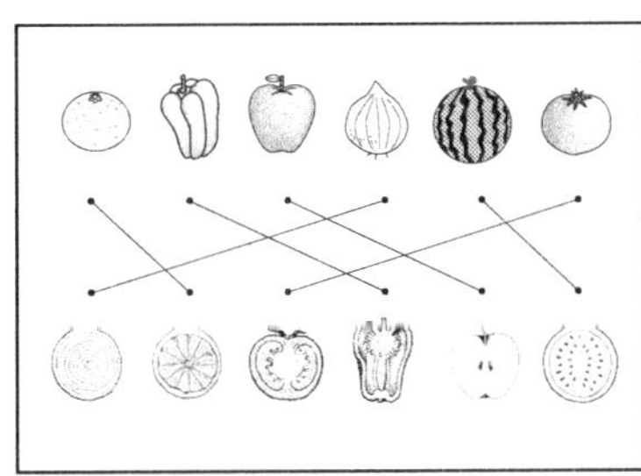

学習のポイント

なぜかはわかりませんが、近畿圏の小学校入試では「切り口」の問題が頻出します。このほかにもカボチャ、キャベツ、レタスといった野菜、変わったところではレンコン・オクラなども出題されたことがあります。こうした問題で「この野菜の切り口はこれ」と覚えておくのもよいですが、実物を見た方が印象に残るでしょう。安全に配慮した上での話ですが、お子さまに実際に野菜やくだものを切ってもらえばさらにインパクトがあるので容易に記憶できるかもしれません。

【おすすめ問題集】
Ｊｒ・ウォッチャー27「理科」、55「理科②」

問題35　分野：言語

知識　語彙

〈準備〉　鉛筆

〈問題〉　**この問題の絵は縦に使用してください。**
絵を見て答えてください。
①上の段を見てください。「ウサギ」のように「う」で始まるものを選んでそれぞれの絵にある四角の中に○をつけてください。
②真ん中の段を見てください。最初の音がランドセルと同じ音で始まるものを選んでそれぞれの絵にある四角の中に○をつけてください。
③下の段を見てください。最後の音がパンダと同じ音で終わるものを選んでそれぞれの絵にある四角の中に○をつけてください。

〈時間〉　各15秒

〈解答〉　下図参照

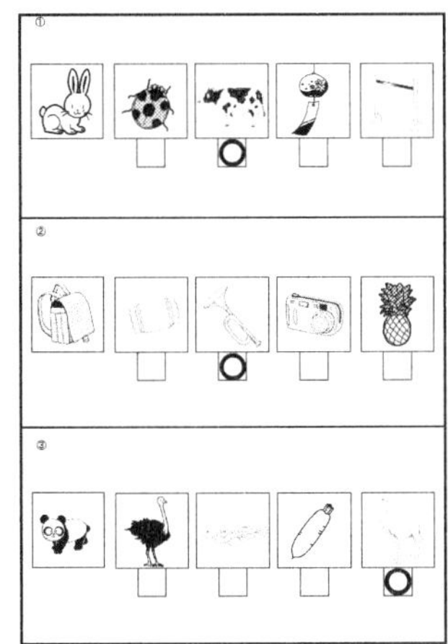

学習のポイント

言語分野の問題は当校入試で頻出しています。その問い方も単純なしりとりも出題されますが、工夫されたものが出題されます。工夫されている出題はこの問題のように「頭語」や「～番目の音」といった表現を使われることが多いので、言葉を覚える際もできるだけ「言葉の音」についても意識したほうがよいでしょう。例えば、「真ん中が～の言葉」、「～で始まる言葉」というふうに単語を集めて覚えると効率がよくなります。また、動詞や形容詞などの出題も増えていますから、生活の中でその言葉をどのように使うのかを配慮して、お子さまの語彙を増やす工夫をしてください。

【おすすめ問題集】
Ｊｒ・ウォッチャー17「言葉の音遊び」、18「いろいろな言葉」、
60「言葉の音（おん）」

問題36　分野：お話の記憶

集中　聞く

〈準備〉　赤のサインペン

〈問題〉　お話をよく聞いて後の質問に答えてください。
お日さまがキラキラ光って今日はとってもよい天気です。スズメのチュピちゃんとお友だちのチュンちゃんは風がサラサラ吹いている気持ちのよい原っぱで遊んでいました。突然チュピちゃんのくちばしに冷たいものがポツンと落ちてきました。「あれっ？」と空を見上げると向こうの方に黒い雲が広がっていて見ているとどんどんこちらに近づいてきます。「チュンちゃん、雨だよ。そこにある木の枝にとまって雨宿りしよう」とチュピちゃんが言ったので２羽は大きな木の所へ飛んでいきました。ポツンポツンと降っていた雨はあっという間にザーザー降ってきました。「雨ってきらいだね。雨がやんだら、お家へ帰ろう」と２羽で話していると、木の側にある池のふちに咲いているアヤメから、ガサゴソとカタツムリのおじいさんが出てきました。「ああ、やっと雨が降ったよ」おじいさんは本当に嬉しそうです。「おかしいよ、カタツムリのおじいさん。雨が降ってよかったなんてねぇ」チュンちゃんが不満そうに言った時、雨のしずくがポタンと落ちてチュンちゃんの口に入りました。そのしずくをゴックンと飲んだチュンちゃんは「あれぇ、おいしいよ。とてもおいしかった。なんだか雨の水飲んだら雨が好きになっちゃった」と言いました。ふと見ると池の中ではザリガニとオタマジャクシが踊っています。カエルはゲエコゲエコ大きな声を張り上げて歌を歌っています。横の小さなヒマワリの芽が「僕は雨の水いっぱいあびて、大きな、大きな花を咲かせるんだ」と話しています。しばらくすると空に大きな虹がかかりました。「雨って不思議だねえ」チュピちゃんとチュンちゃんは虹を見ながらつぶやきました。今ではもう雨が大好きです。

①このお話の季節と同じ季節のものに○をつけてください。
②オタマジャクシは何を食べて大きくなるでしょうか。○をつけてください。
③ヒマワリと同じ季節に咲く花に○をつけてください。
④今のお話に出てこなかったものに○をつけましょう。

〈時間〉　各15秒

〈解答〉　①こいのぼり　②水草の藻　③アサガオ　④ドジョウ・ツバメ

学習のポイント

当校のお話の記憶の問題のお話としては比較的長文です。こうした問題は「『誰が』『何を』『～した』といったお話のポイントをおさえる」「お話の場面を想像しながら聞く」といった基本が守られていないと、スムーズに答えるのが難しくなります。お話を丸暗記するわけにはいきませんから、１枚の絵のように場面を思い浮かべるようにお話の場面をイメージしてみましょう。慣れてくると、登場人物の服装や持ち物も含めて、その場面のイメージができます。例えば、「アヤメのところからあらわれたカタツムリのおじいさん」といったイメージです。最終的にはセリフや動きもイメージしましょう。イメージができれば、情報が自然に整理されるので記憶にも残りやすくなるのです。

【おすすめ問題集】
１話５分の読み聞かせお話集①・②、１話７分の読み聞かせお話集 入試実践編①
お話の記憶 初級編・中級編・上級編、Ｊｒ・ウォッチャー19「お話の記憶」

問題37　分野：数量（足し引き・分配）

聞く　集中

〈準備〉　鉛筆

〈問題〉　（問題37－1の絵を渡す）
①カメがいます。ここにあと2匹カメが来たら、全部で何匹になりますか。その数だけ、右の四角の中に○を書いてください。
②クリがあります。お母さんが2個、私とお姉さんが1個ずつ食べました。残っているクリの数だけ、右の四角の中に○を書いてください。

（問題37－2の絵を渡す）
③お弁当箱におにぎりを2個ずつ入れると何個余りますか。その数だけ、右のおにぎりの四角の中に○を書いてください。
④お弁当箱にウインナーを3本ずつ入れるには、何本足りないですか。その数だけ、右のウインナーの四角の中に○を書いてください。
⑤お弁当箱にミニトマトを3個ずつ入れると、何個余りますか。その数だけ、右のミニトマトの四角の中に○を書いてください。

〈時間〉　各20秒

〈解答〉　①○：6個　②○：5個　③○：3個　④○：2個　⑤○：1個

学習のポイント

問題自体の難易度は基本的レベルですが、数の操作のほかに、細かな指示を聞き取らないと答えられない問題になっています。こうした問題では数の操作ばかりに注意が向いてしまいがちですが、基本は指示を聞き、内容を理解してから問題には取り掛かることです。スムーズに答えれないようであれば、まずそのことから指導してください。数の操作については、食べものの種類が多いので複雑そうに見えますが、どれも2個・3個の分配を繰り返しているだけです。落ち着いて答えればそれほど難しい問題ではありません。

【おすすめ問題集】
Ｊｒ・ウォッチャー37「選んで数える」、38「たし算・ひき算1」、39「たし算・ひき算2」、42「一対多の対応」

問題38　分野：見る記憶（指示理解）

観察　聞く

〈準備〉　鉛筆

〈問題〉　（問題38-1の絵を渡す）
この絵をよく見て覚えてください。
（20秒後、問題38-1の絵を伏せて、問題38-2の絵を渡す）
今見た絵の、◎があった場所に×を、△があった場所に○を、×があった場所に△を書いてください。

〈時間〉　30秒

〈解答〉　下図参照

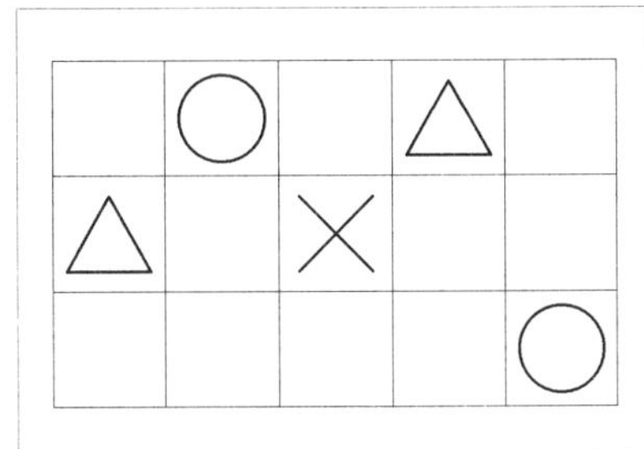

学習のポイント

「見る記憶」と「置き換え」の複合問題です。図形がシンプルなので簡単そうに見えますが、記憶した形をそれぞれ区別して置き換えなければいけないので、印象よりは難しい問題です。この問題では、２つのことを同時に処理しようとせず、順番に進めていかないとスムーズに答えることができません。初めに見本を見て、５つの図形の位置と形を覚えます。そのあとで、指示に従って記号に置きかえます。置き換えの前後の図形が似ているので、混乱しないように気を付けましょう。特に◎を×に、×を△に置き換えるところで、書き間違えをしないようにしてください。

【おすすめ問題集】
Ｊｒ・ウォッチャー20「見る記憶・聴く記憶」、57「置き換え」

問題39　分野：数量

考え　集中

〈準備〉　鉛筆

〈問題〉　①１番上の段を見てください。１番数の多いものに○をつけてください。
②上から２段目を見てください。２番目に数の多いものに○をつけてください。
③下から２段目を見てください。１番数の少ないものに○をつけてください。
④１番下の段を見てください。２番目に数の少ないものに○をつけてください。

〈時間〉　各20秒

〈解答〉　①右端　②右から２番目　③右から２番目　④左端

学習のポイント

数量問題が毎年出題される当校ですが、ほとんどは基礎問題です。10以下の数であれば、ひと目で数の多少を判断した上で回答の際に確認できるようになれば、問題なく回答できるはずです。後は指示をよく聞いて、それに沿って答えることを意識しましょう。ケアレスミスのほとんどは考え方が間違っているわけではなく、指示をよく聞いていなくて答え方を間違っているのです。②の「２番目に多いものを答えなさい」などはその典型でいかにも勘違いしそうです。

【おすすめ問題集】

Ｊｒ・ウォッチャー14「数える」、15「比較」

問題40　分野：推理（条件迷路）

観察　集中

〈準 備〉　鉛筆

〈問 題〉　リスがドングリを全部拾ってゴールまで行きます。通った道に線を書いてください。同じ道は通れません。指を使っても構いません。

〈時 間〉　各25秒

〈解 答〉　下図参照

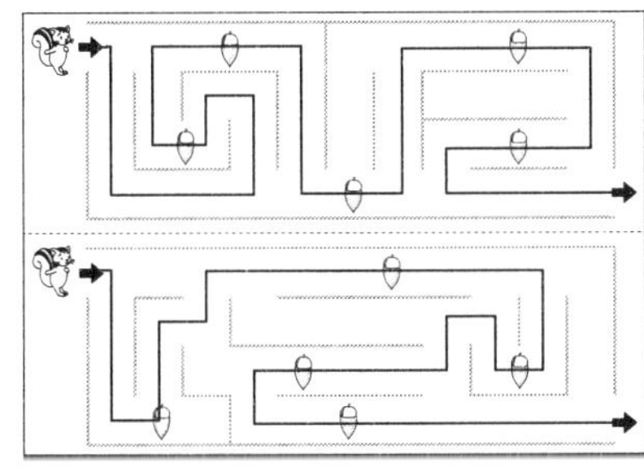

学習のポイント

指定された条件を守りながら、迷路を進む問題です。迷路そのものは複雑ではありませんが、条件に合った道を選ぶ観察力や思考力、きれいに線を引くための巧緻性が要求されています。このような問題では、はじめに迷路全体を見渡してから、ゴールまでいけそうな道を指でなぞります。上手くいかなければ、道を変えて繰り返します。ゴールまでの道が見つかってから、鉛筆できれいに線を引きます。そうすることで、失敗のない、見やすくきれいな答えができあがります。迷路の問題では、全体を見渡すことと何回も繰り返すことがポイントです。ふだんの練習でも、失敗してもあきらめずにがんばることができるように、サポートをしてあげるとよいでしょう。

【おすすめ問題集】

Ｊｒ・ウォッチャー７「迷路」、51「運筆①」、52「運筆②」

賢明学院小学校　専用注文書

年　月　日

合格のための問題集ベスト・セレクション

＊入試頻出分野ベスト３

1st お話の記憶　集中力　聞く力

2nd 推理　観察力　思考力

3rd 数量　観察力　集中力

ペーパーテストは基礎的な内容です。推理分野の「系列」、「位置の移動」、数量分野の「計数（数える）」「分配（一対多の対応）」などが頻出。「お話の記憶」は答えやすい問題です。

分野	書　名	価格(税抜)	注文	分野	書　名	価格(税抜)	注文
図形	Ｊｒ・ウォッチャー１「点・線図形」	1,500円	冊	行動観察	Ｊｒ・ウォッチャー24「絵画」	1,500円	冊
図形	Ｊｒ・ウォッチャー３「パズル」	1,500円	冊	行動観察	Ｊｒ・ウォッチャー29「行動観察」	1,500円	冊
図形	Ｊｒ・ウォッチャー４「同図形探し」	1,500円	冊	図形	Ｊｒ・ウォッチャー31「推理思考」	1,500円	冊
図形	Ｊｒ・ウォッチャー５「回転・展開」	1,500円	冊	推理	Ｊｒ・ウォッチャー50「観覧車」	1,500円	冊
推理	Ｊｒ・ウォッチャー６「系列」	1,500円	冊	数量	Ｊｒ・ウォッチャー38「たし算・ひき算１」	1,500円	冊
数量	Ｊｒ・ウォッチャー９「合成」	1,500円	冊	数量	Ｊｒ・ウォッチャー39「たし算・ひき算２」	1,500円	冊
数量	Ｊｒ・ウォッチャー14「数える」	1,500円	冊	数量	Ｊｒ・ウォッチャー42「一対多の対応」	1,500円	冊
数量	Ｊｒ・ウォッチャー16「積み木」	1,500円	冊	推理	Ｊｒ・ウォッチャー47「座標の移動」	1,500円	冊
言語	Ｊｒ・ウォッチャー17「言葉の音遊び」	1,500円	冊	言語	Ｊｒ・ウォッチャー49「しりとり」	1,500円	冊
言語	Ｊｒ・ウォッチャー18「いろいろな言葉」	1,500円	冊	推理	Ｊｒ・ウォッチャー50「観覧車」	1,500円	冊
記憶	Ｊｒ・ウォッチャー20「見る記憶・聴く記憶」	1,500円	冊	言語	Ｊｒ・ウォッチャー60「言葉の音（おん）」	1,500円	冊
行動観察	Ｊｒ・ウォッチャー29「行動観察」	1,500円	冊		お話の記憶　中級編・上級編	2,000円	各　冊
記憶	Ｊｒ・ウォッチャー20「見る記憶・聴く記憶」	1,500円	冊		１話５分の読み聞かせお話集①②	1,800円	各　冊
行動観察	Ｊｒ・ウォッチャー22「想像画」	1,500円	冊		面接テスト問題集	2,000円	冊

合計	冊	円

（フリガナ） 氏　名	電　話 ＦＡＸ E-mail
住 所　〒　　－	以前にご注文されたことはございますか。 有　・　無

★お近くの書店、または記載の電話・FAX・ホームページにてご注文をお受けしております。
電話：03-5261-8951　FAX：03-5261-8953　代金は書籍合計金額＋送料がかかります。
※なお、落丁・乱丁以外の理由による商品の返品・交換には応じかねます。

★ご記入頂いた個人に関する情報は、当社にて厳重に管理致します。なお、ご購入の商品発送の他に、当社発行の書籍案内、書籍に関する調査に使用させて頂く場合がございますので、予めご了承ください。

日本学習図書株式会社
http://www.nichigaku.jp

①

②

③

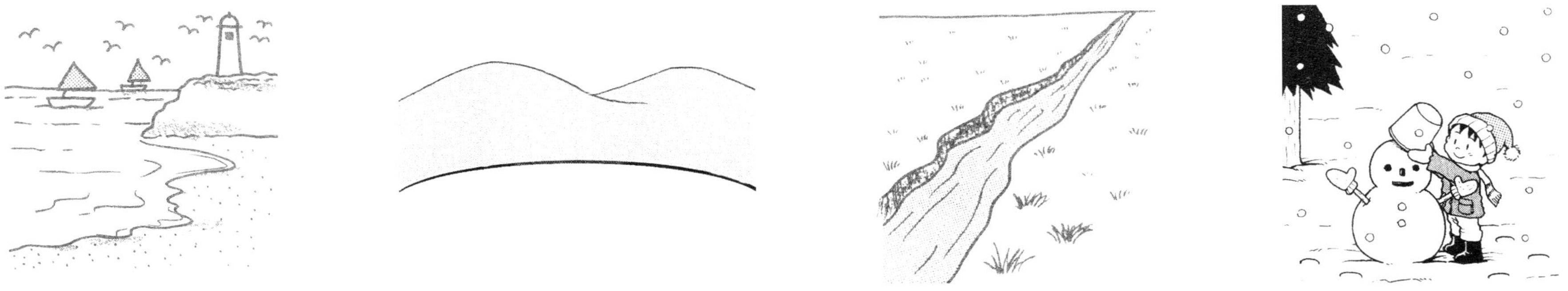

問題2

①　→

②　→

③　→

④　→

問題3

問題 4

①

②

③

④

⑤

問題5

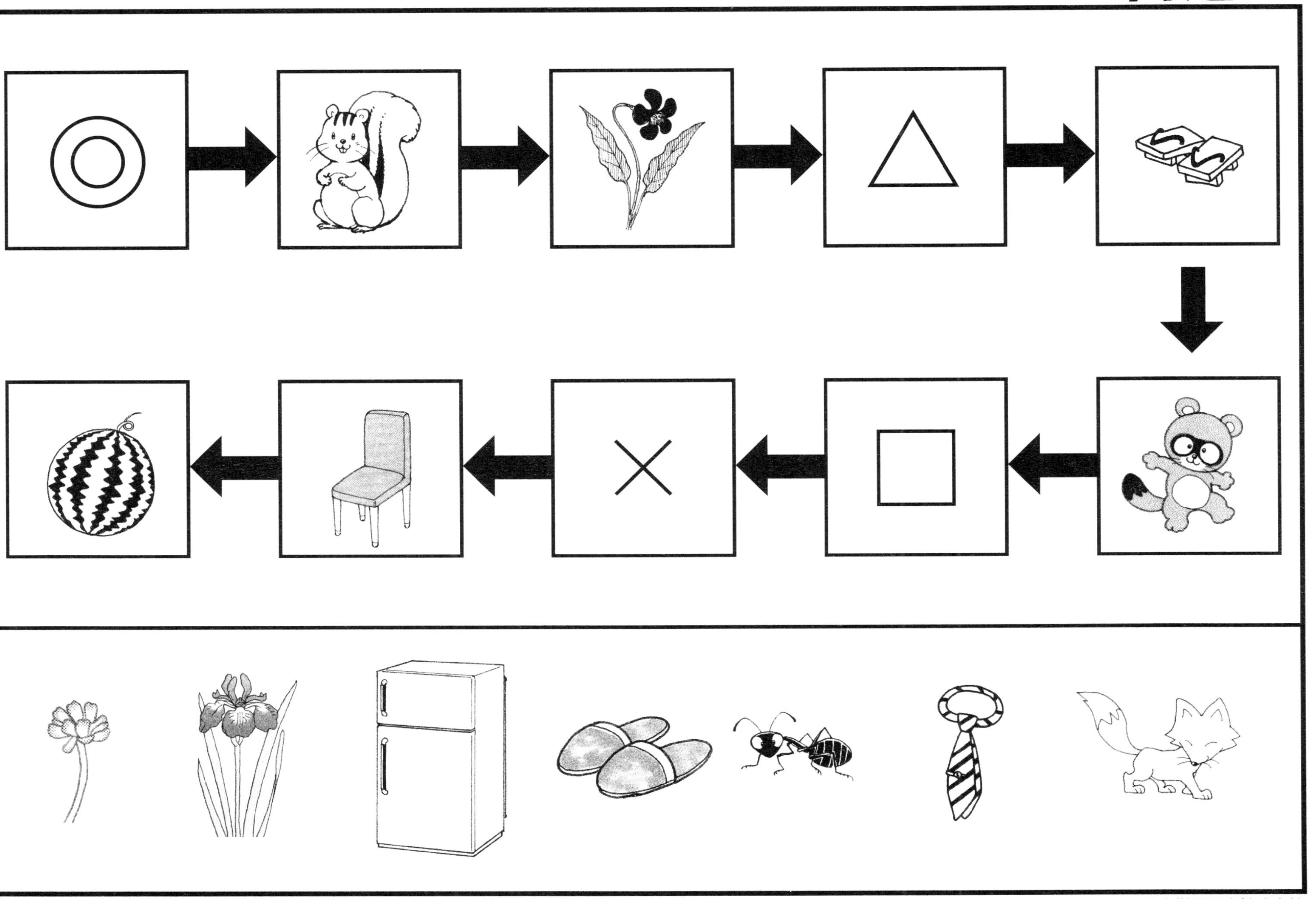

問題9

①

②

問題１０

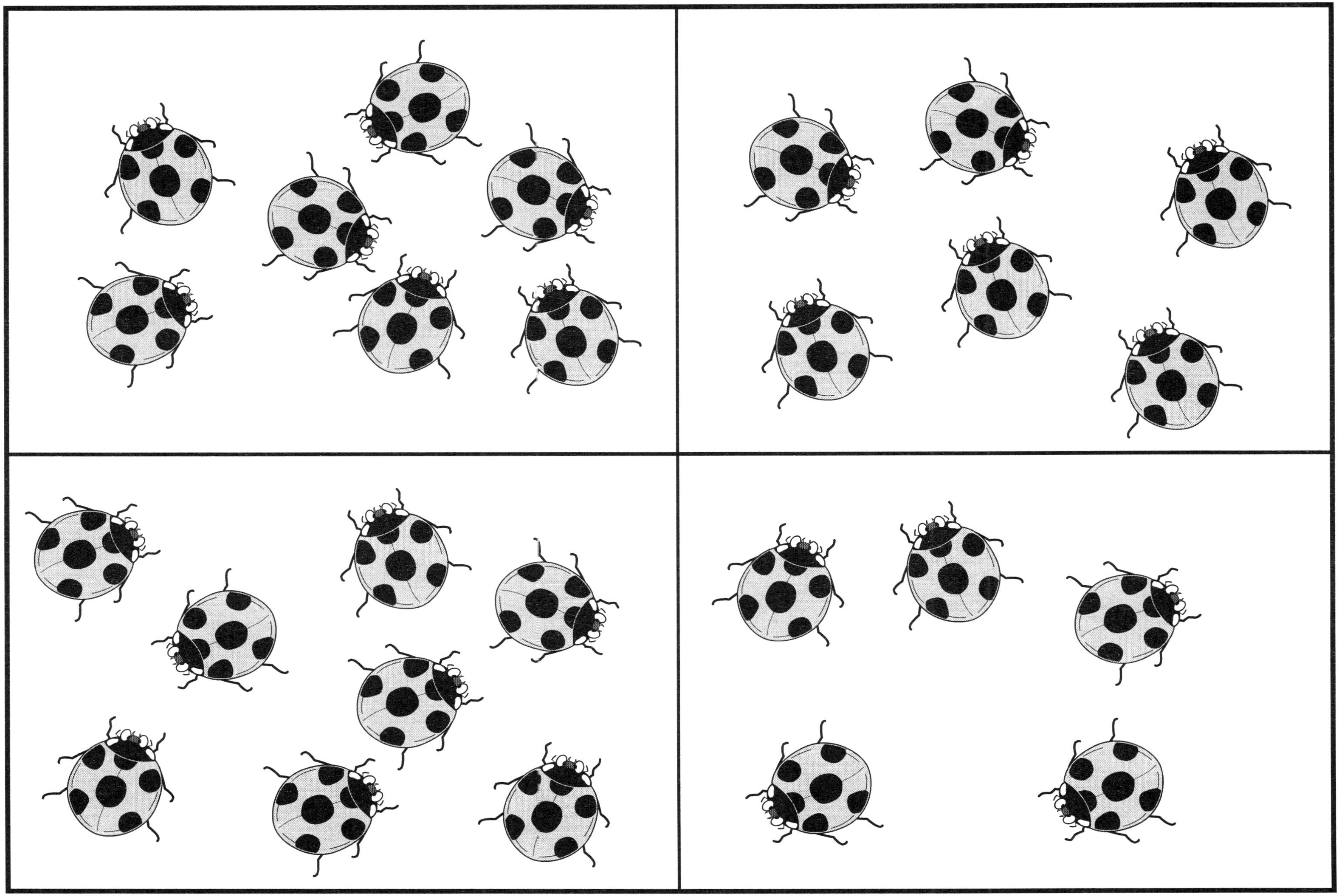

問題１１

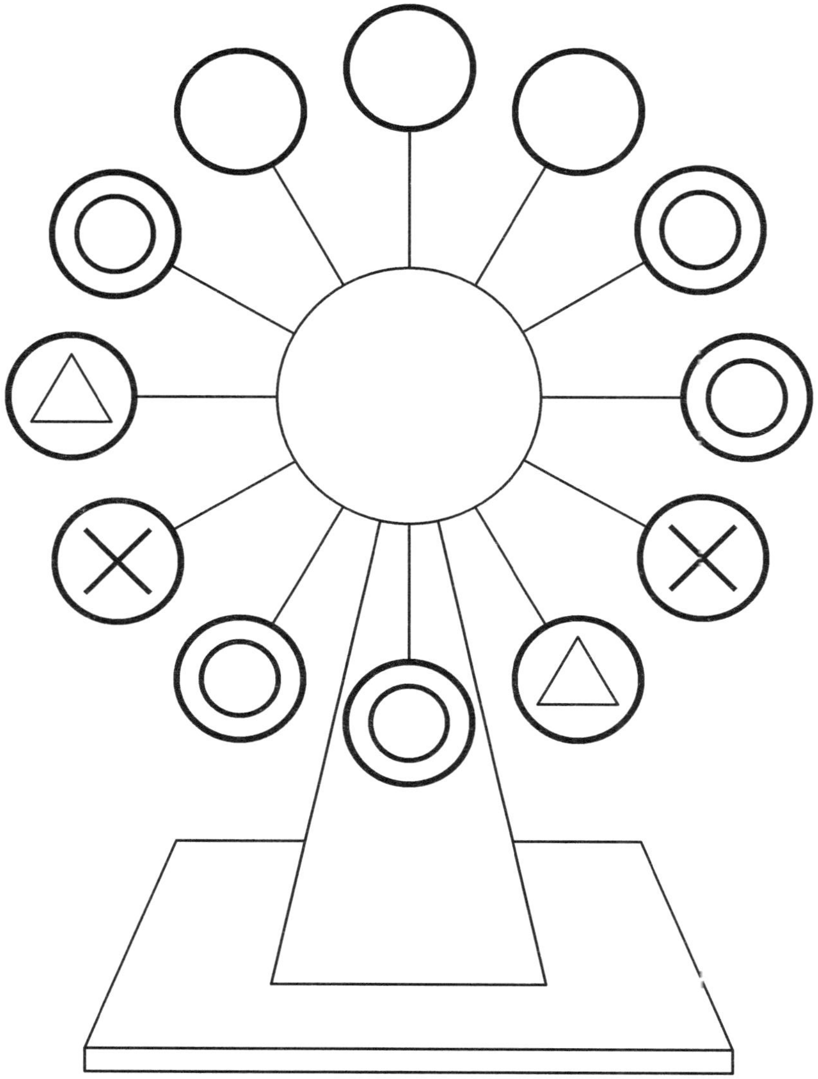

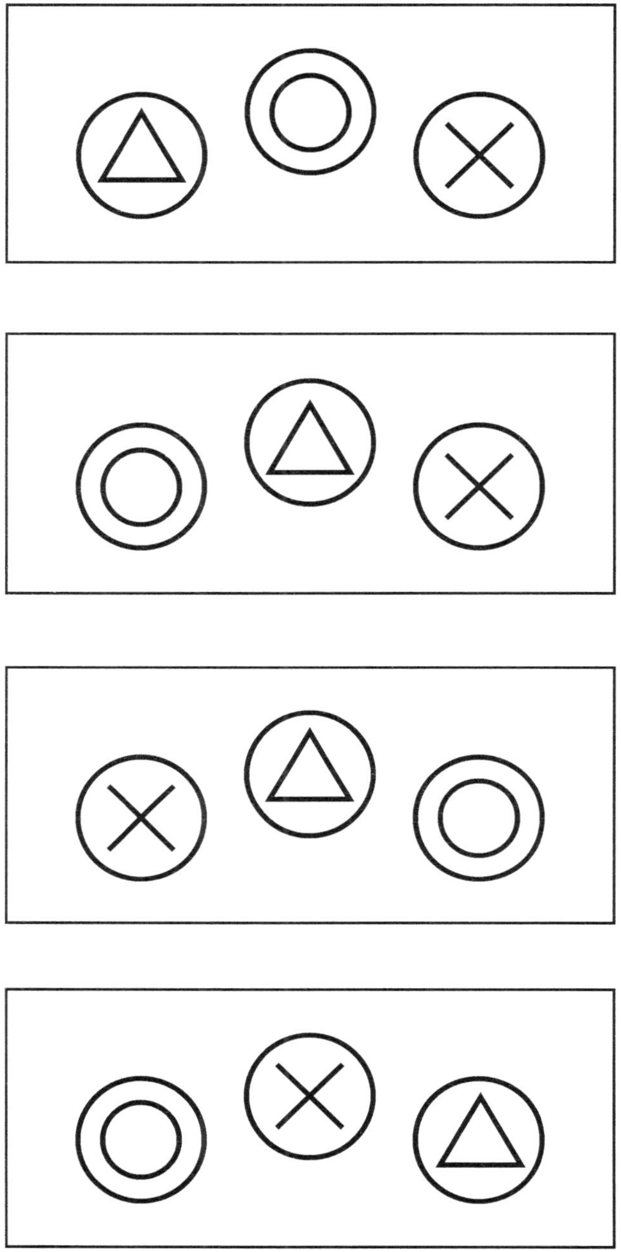

問題１２

問題１３

①

②

③

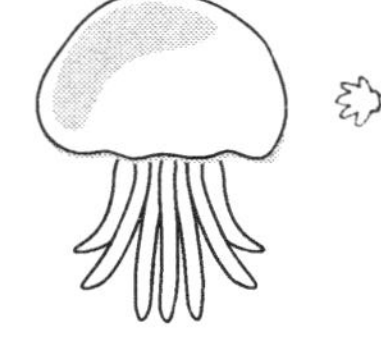

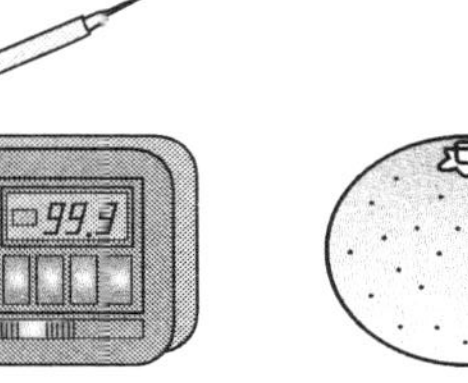

日本学習図書株式会社

問題１４

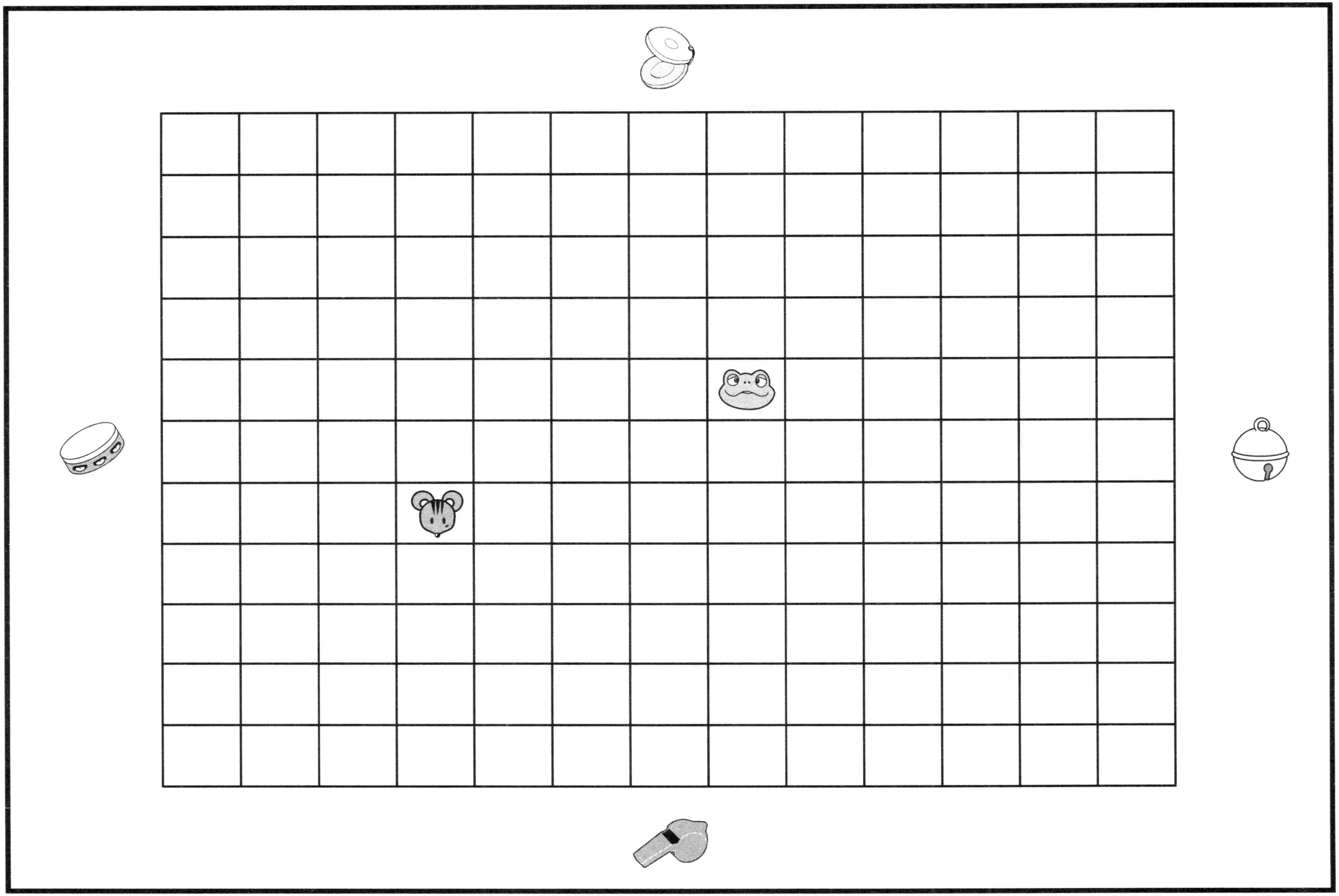

問題１７

①

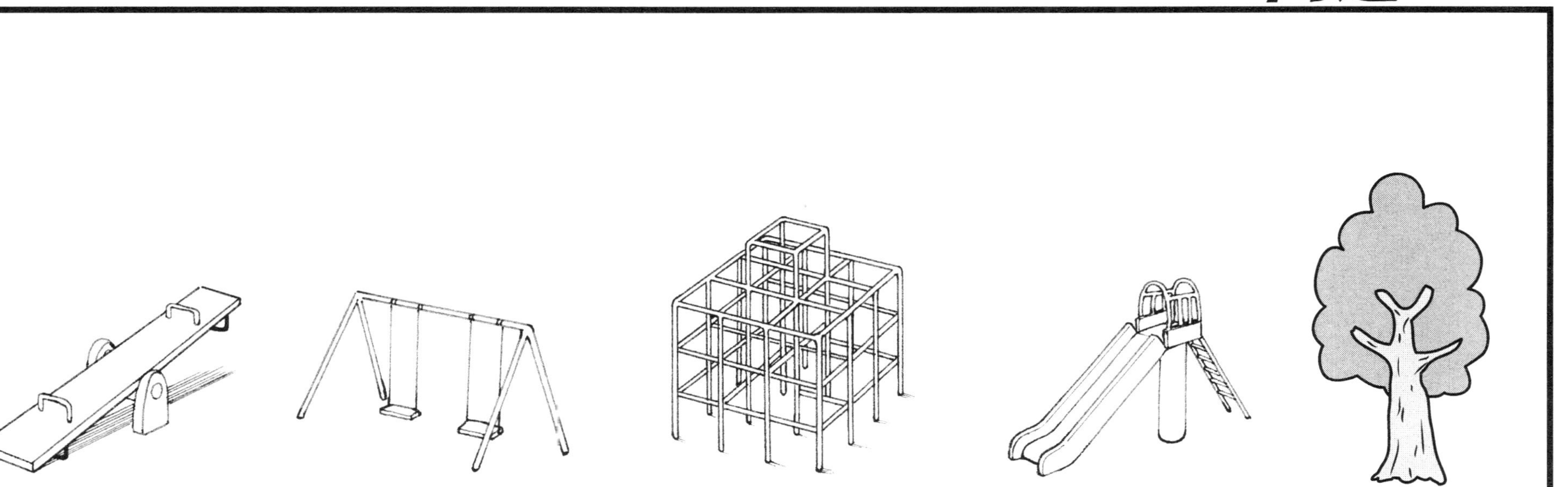

②

問題１８

①

②

問題１９

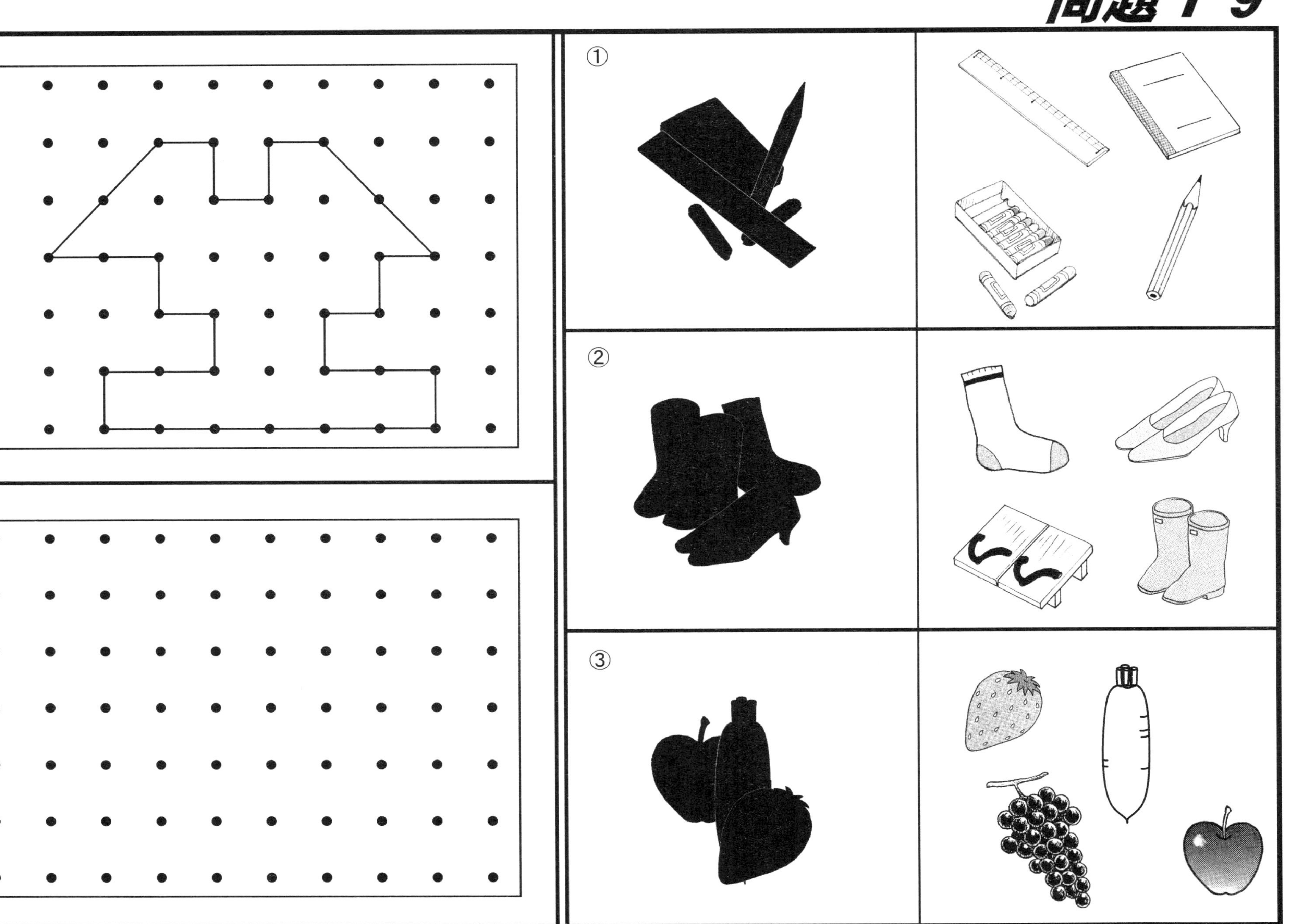

問題２０

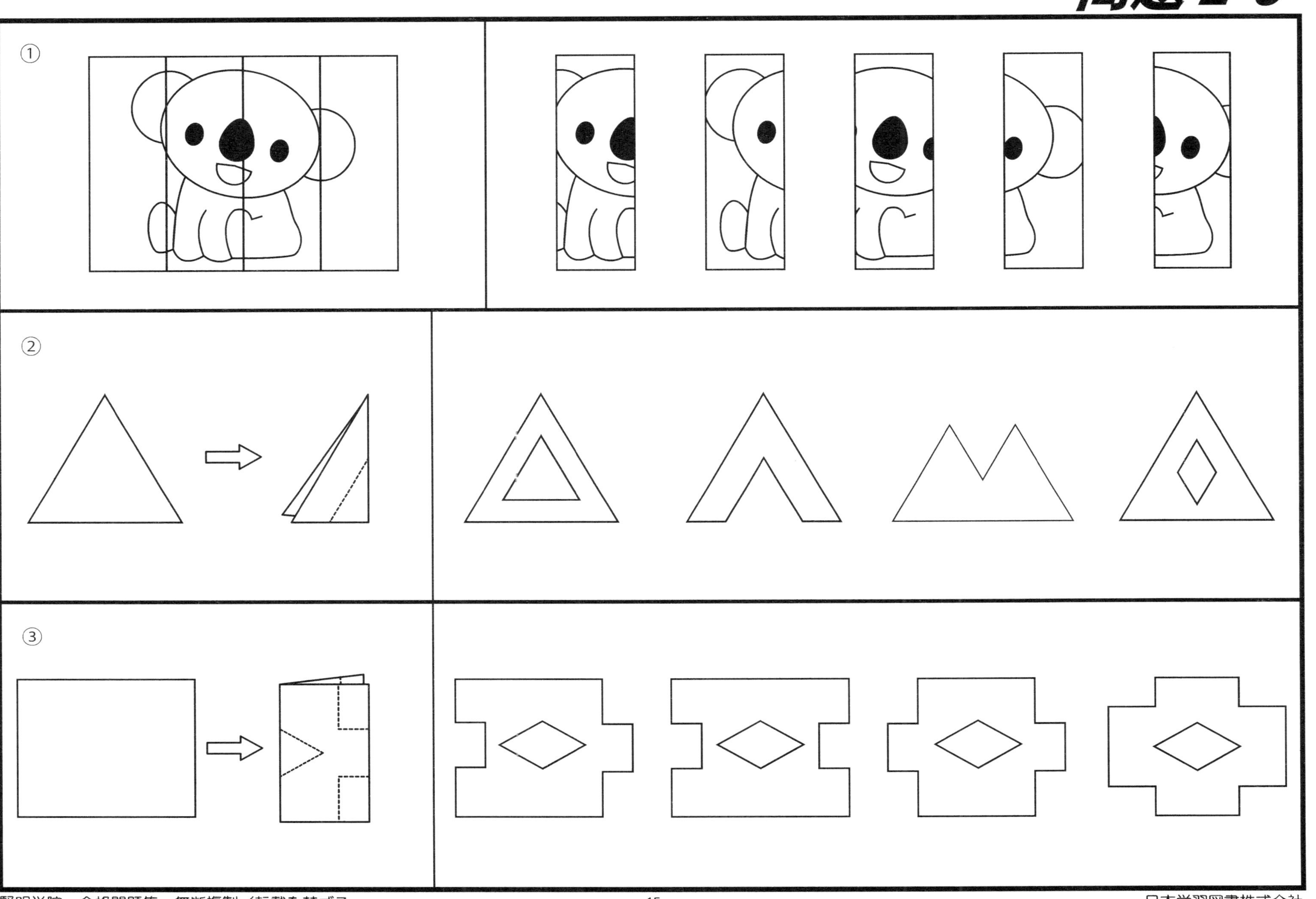

問題２１

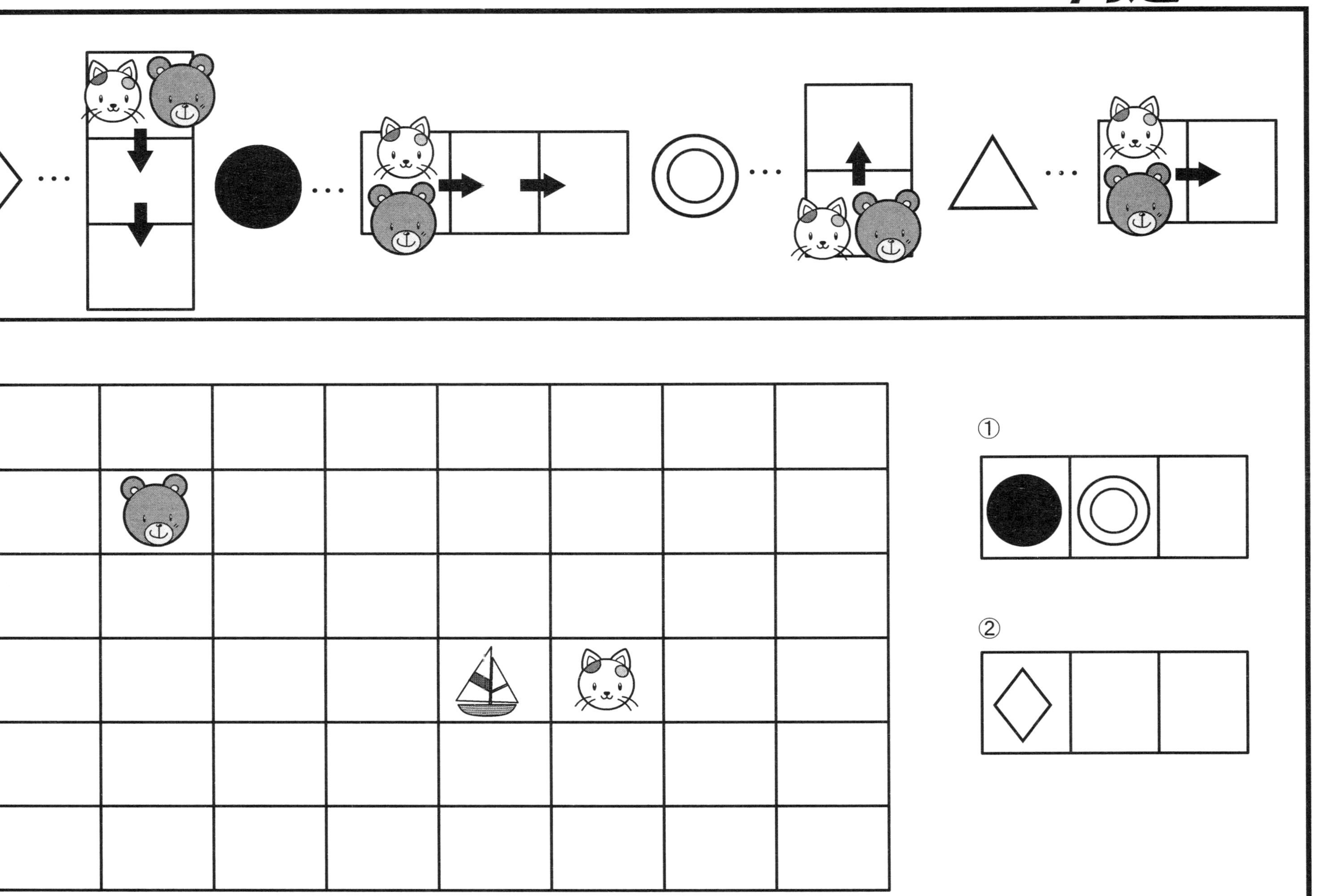

問題２２

問題２３

①

②

問題２５

①

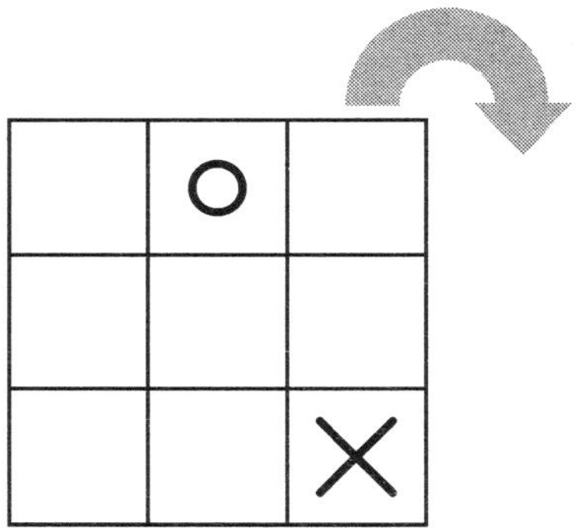

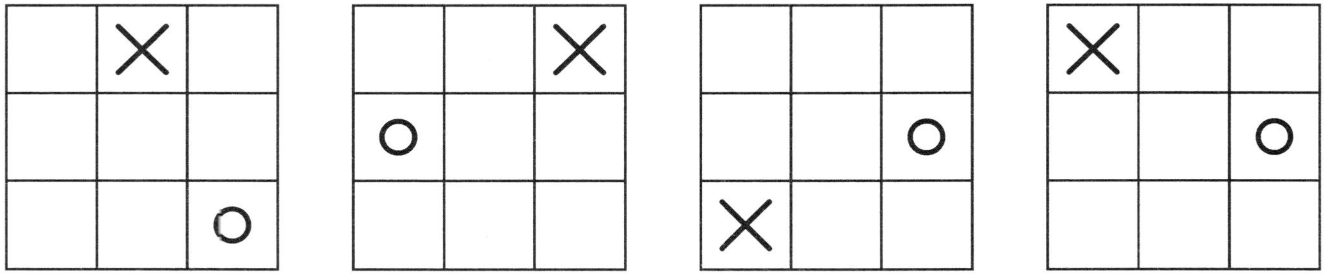

②

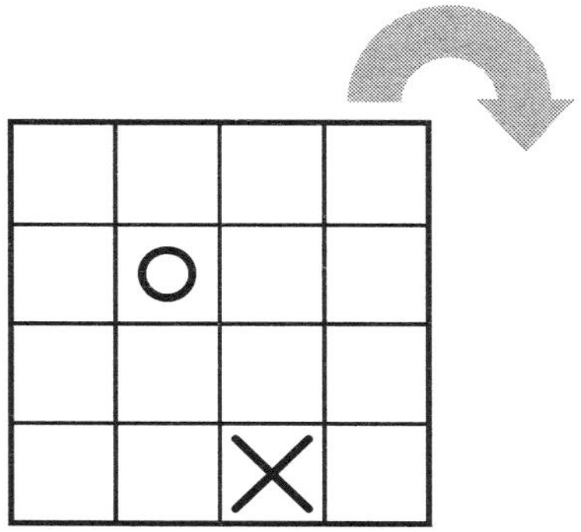

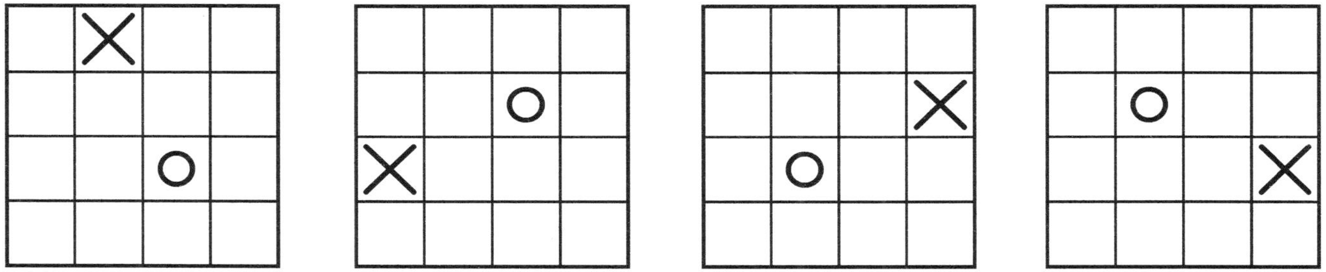

問題２６

①

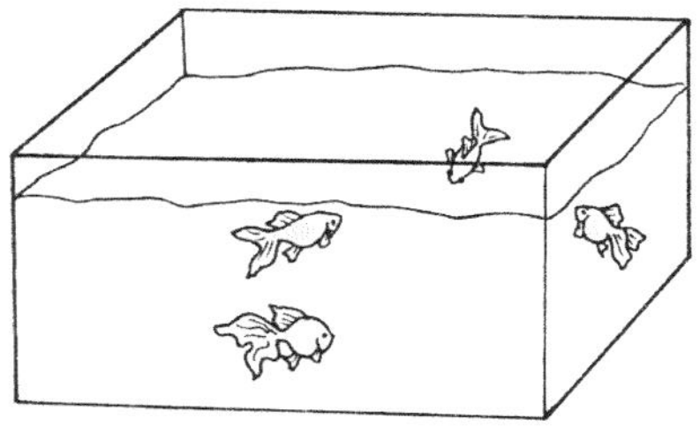

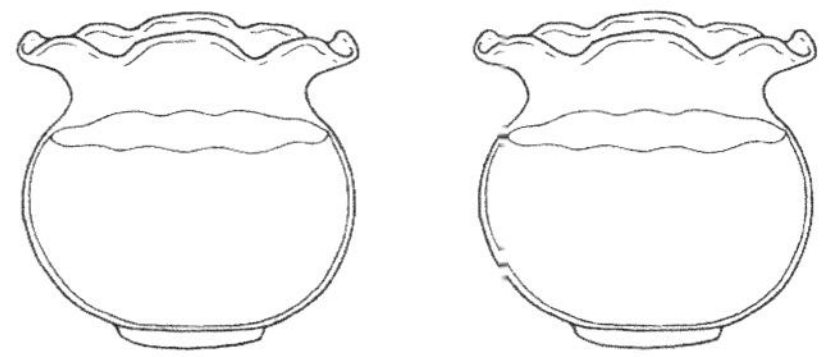

②

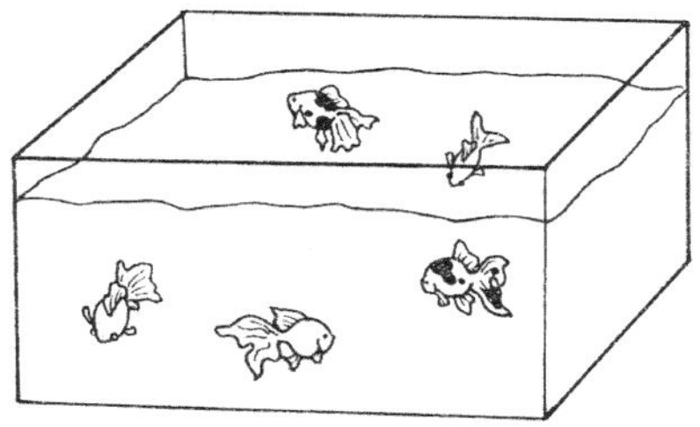

③

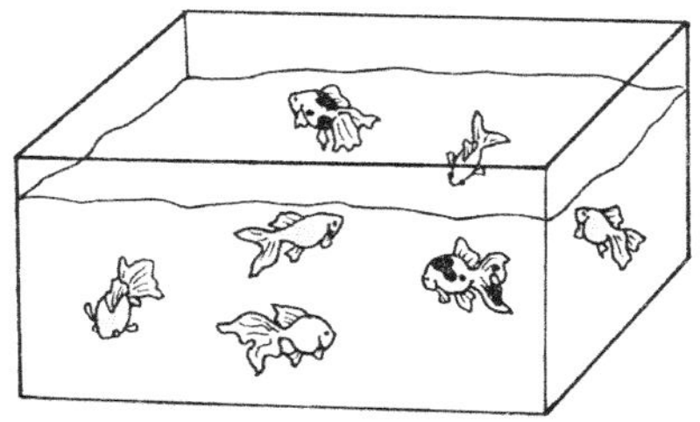

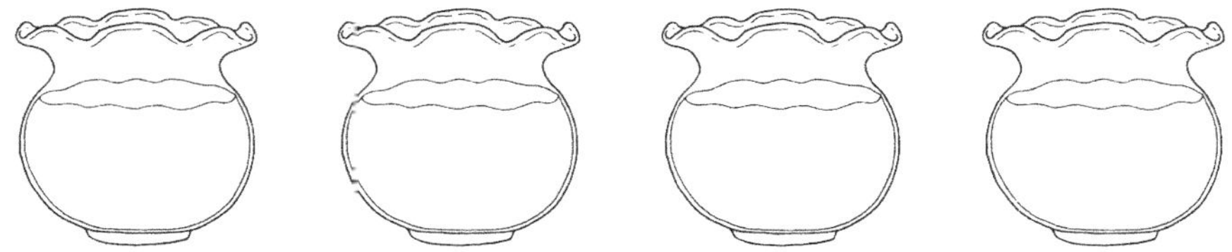

問題２７－１

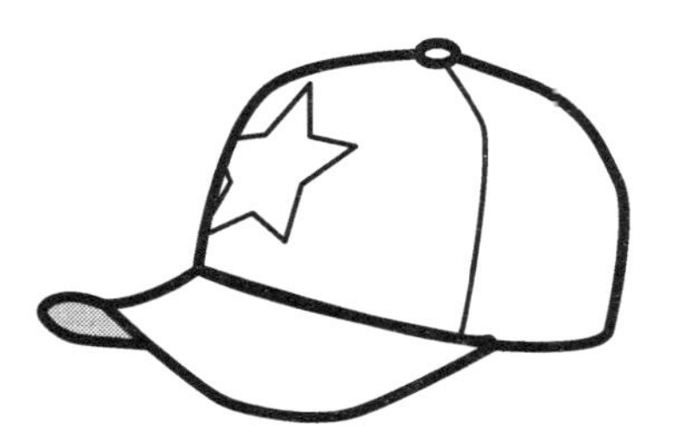

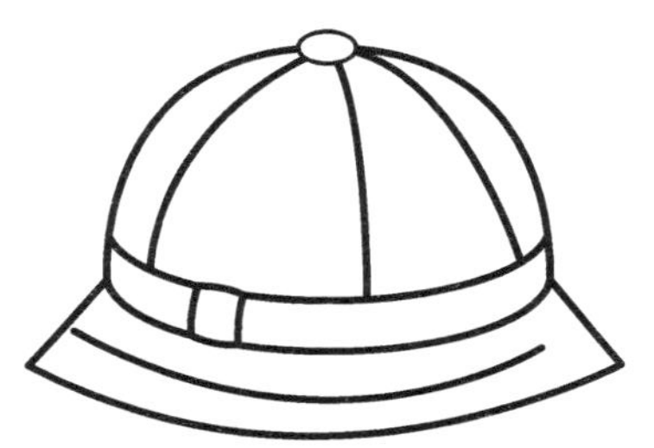

問題27－2

問題２７－３

○	△	×	○
△	×	△	×
△	○	×	○

問題27－4

問題２８

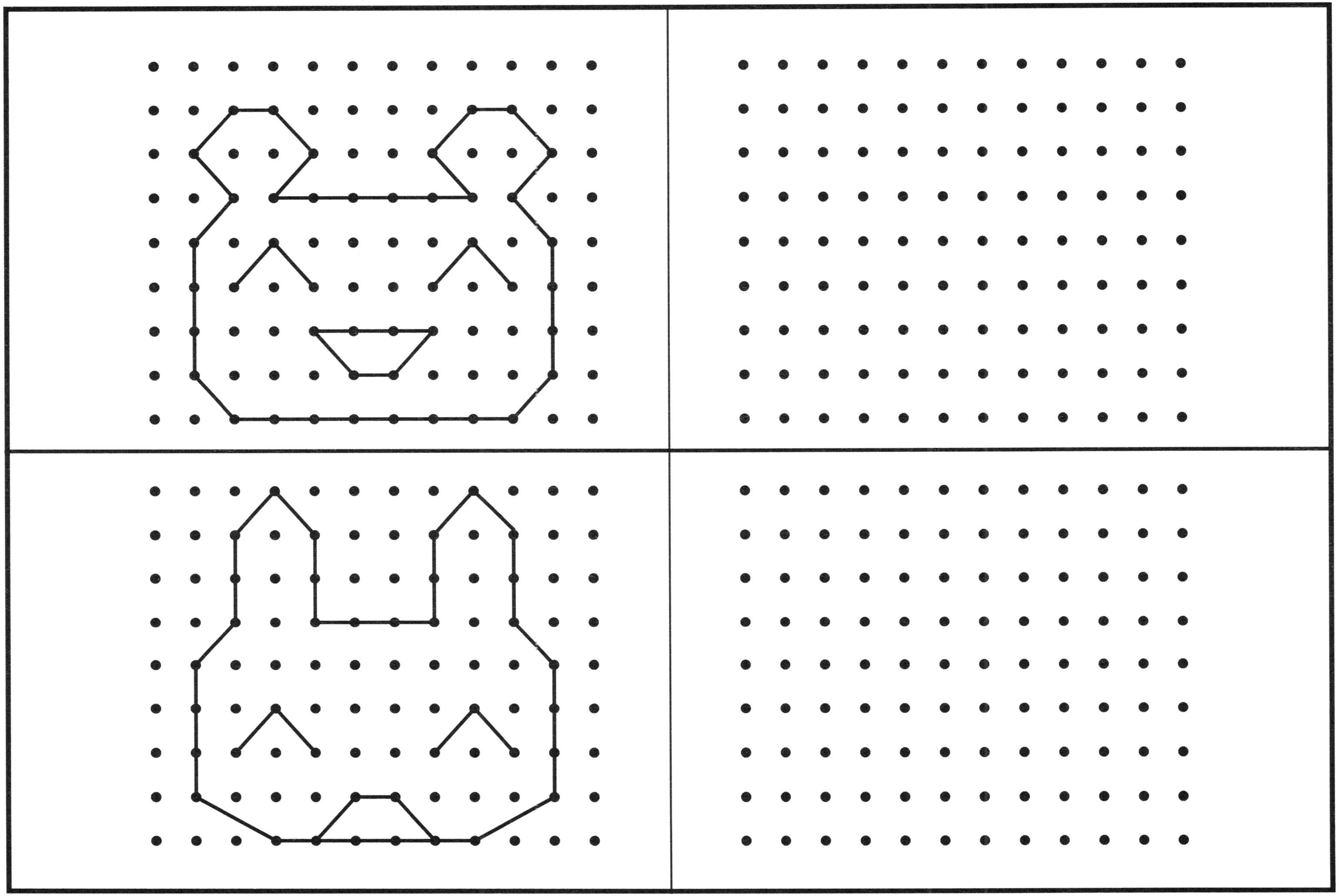

問題２９

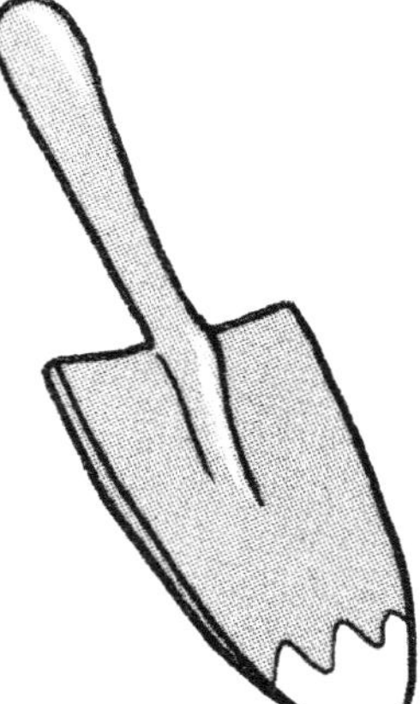

問題30

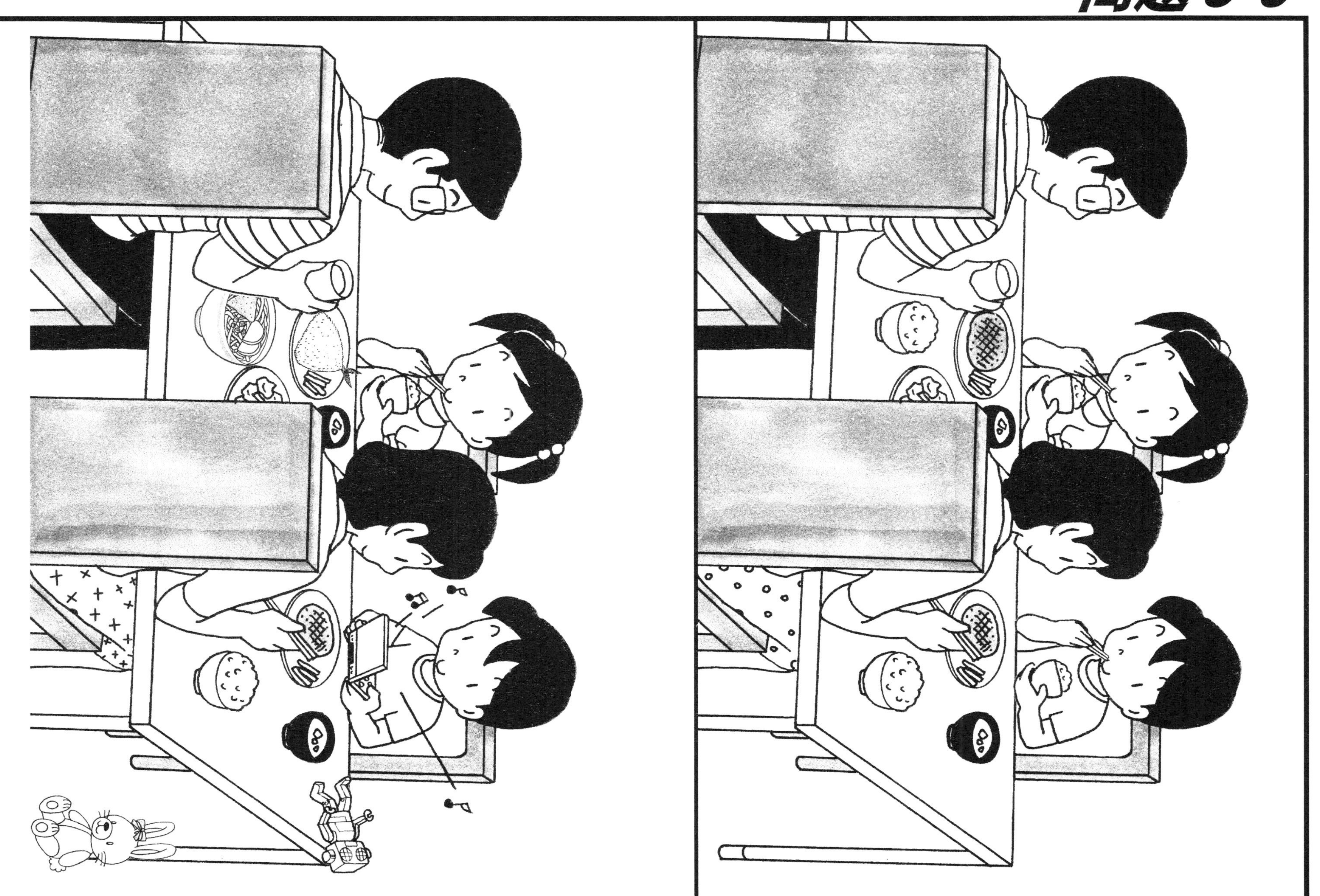

日本学習図書株式会社

問題３１

①

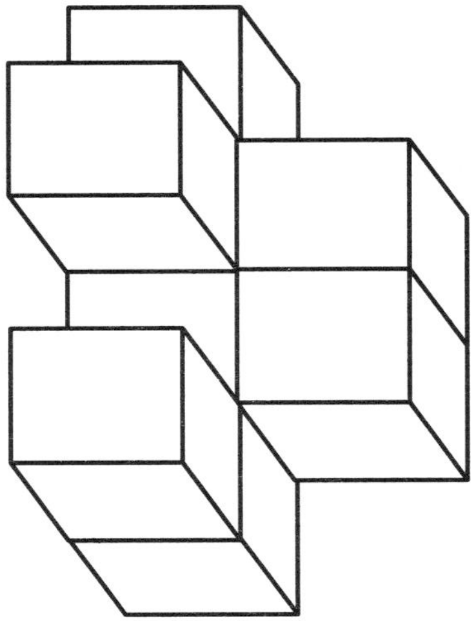

②

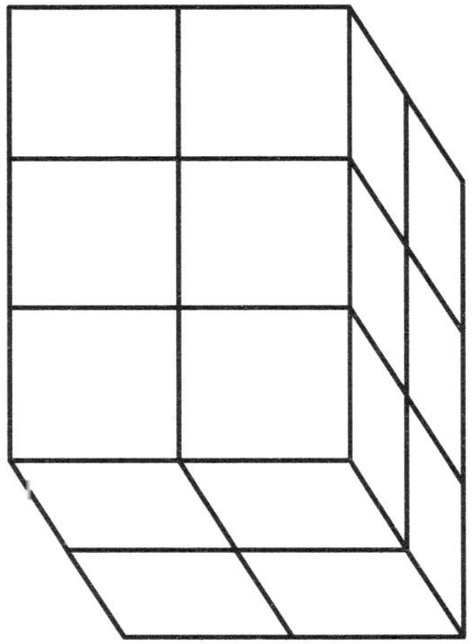

③

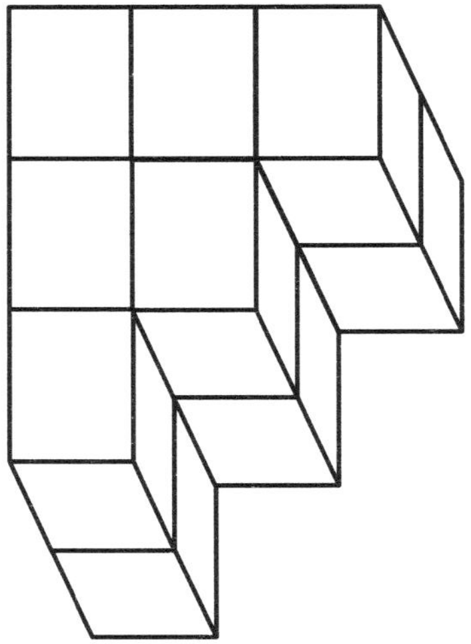

問題32

日本学習図書株式会社

問題３３

①

②

③

問題３４

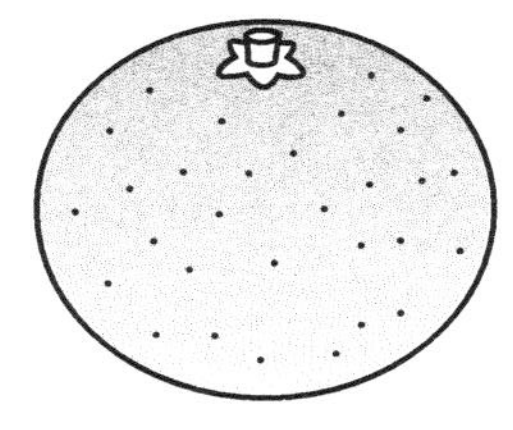
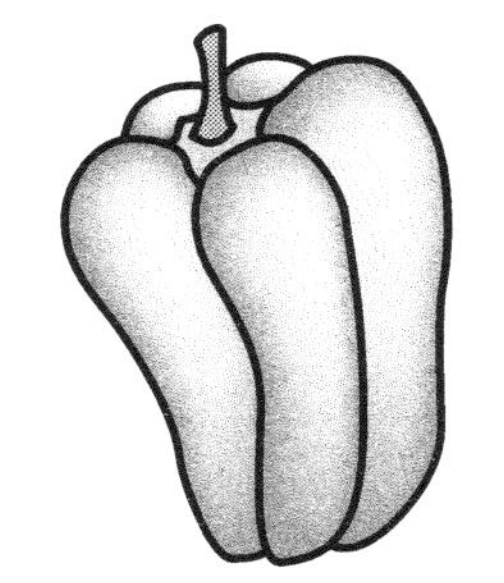

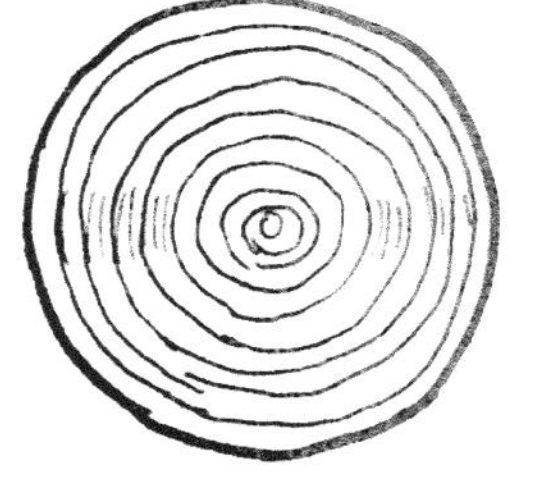

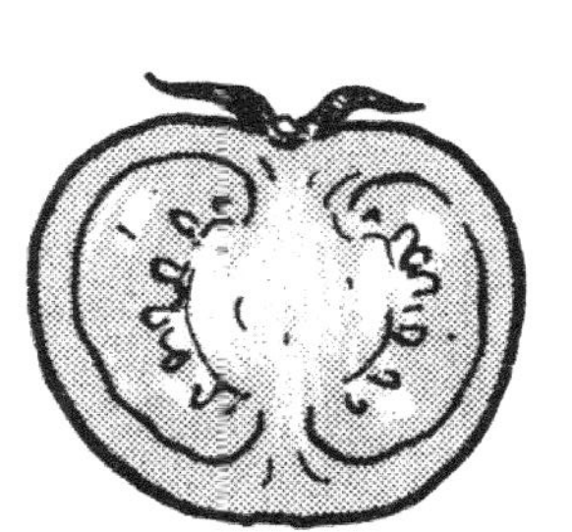

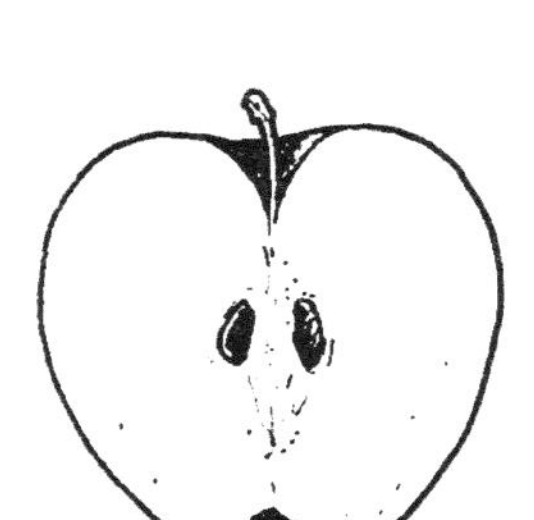

問題３５

①

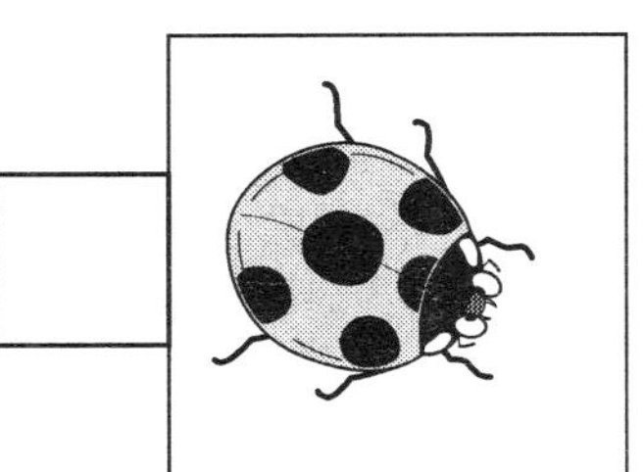

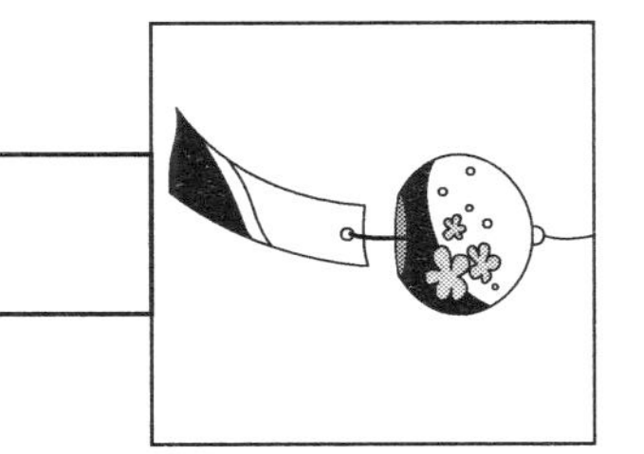
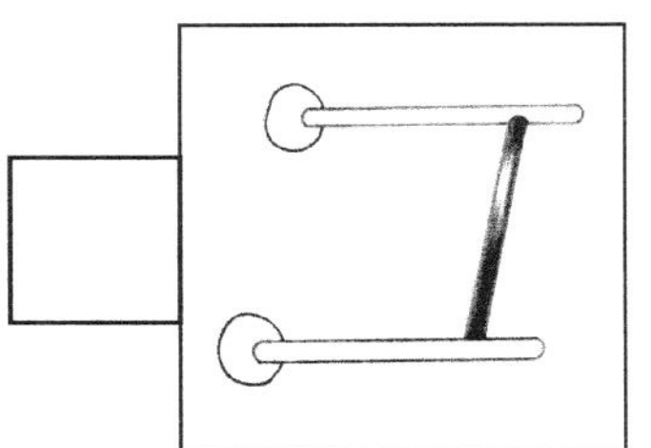

②

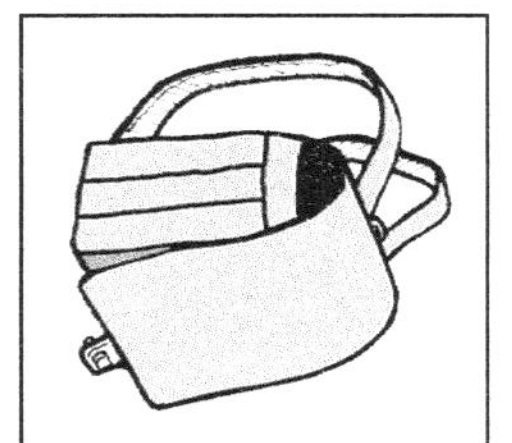
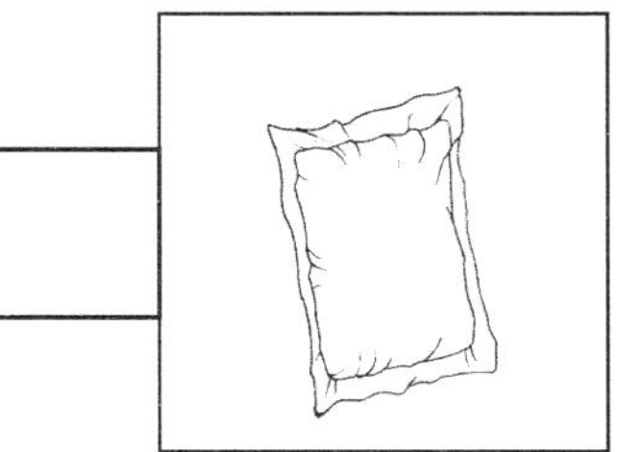
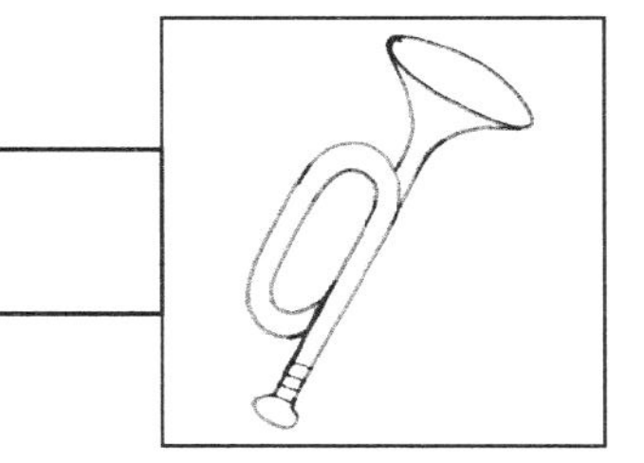
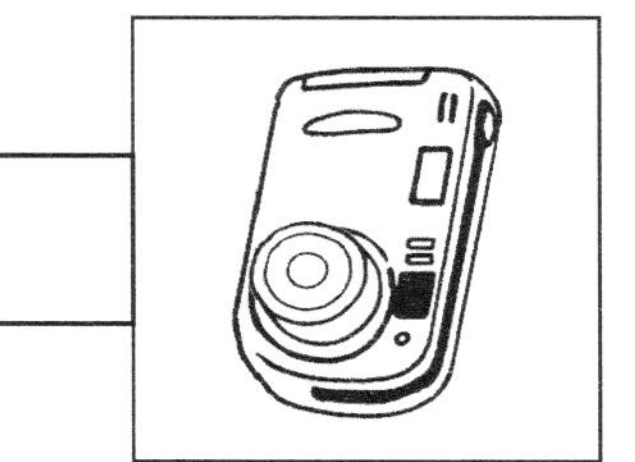

③

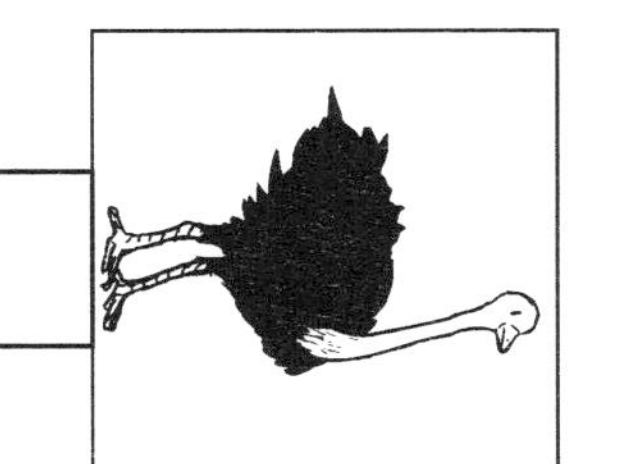
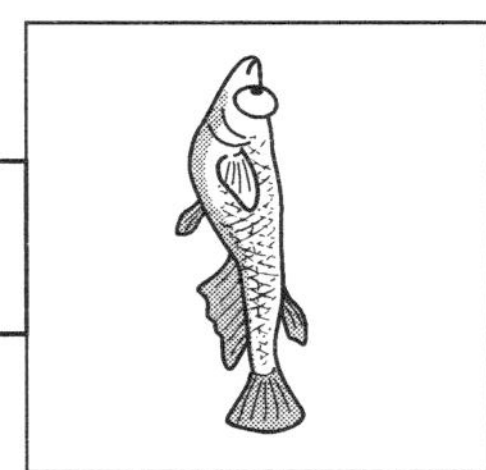

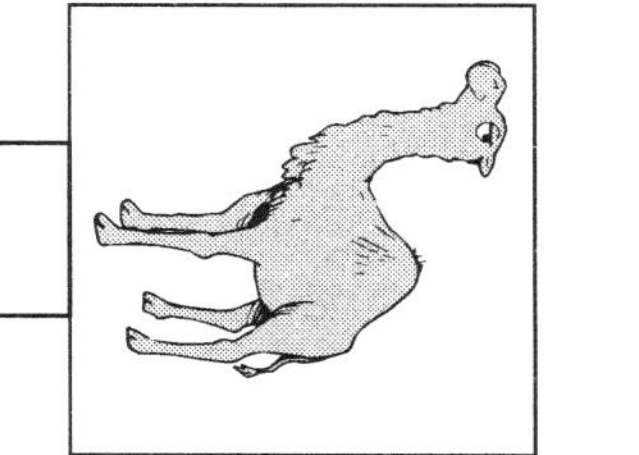

日本学習図書株式会社

問題３６

①

②

③

④

問題37－1

①

②

問題３７－２

③④⑤

問題38−1

	△		×	
×		◎		
				△

問題38－2

問題３ ９

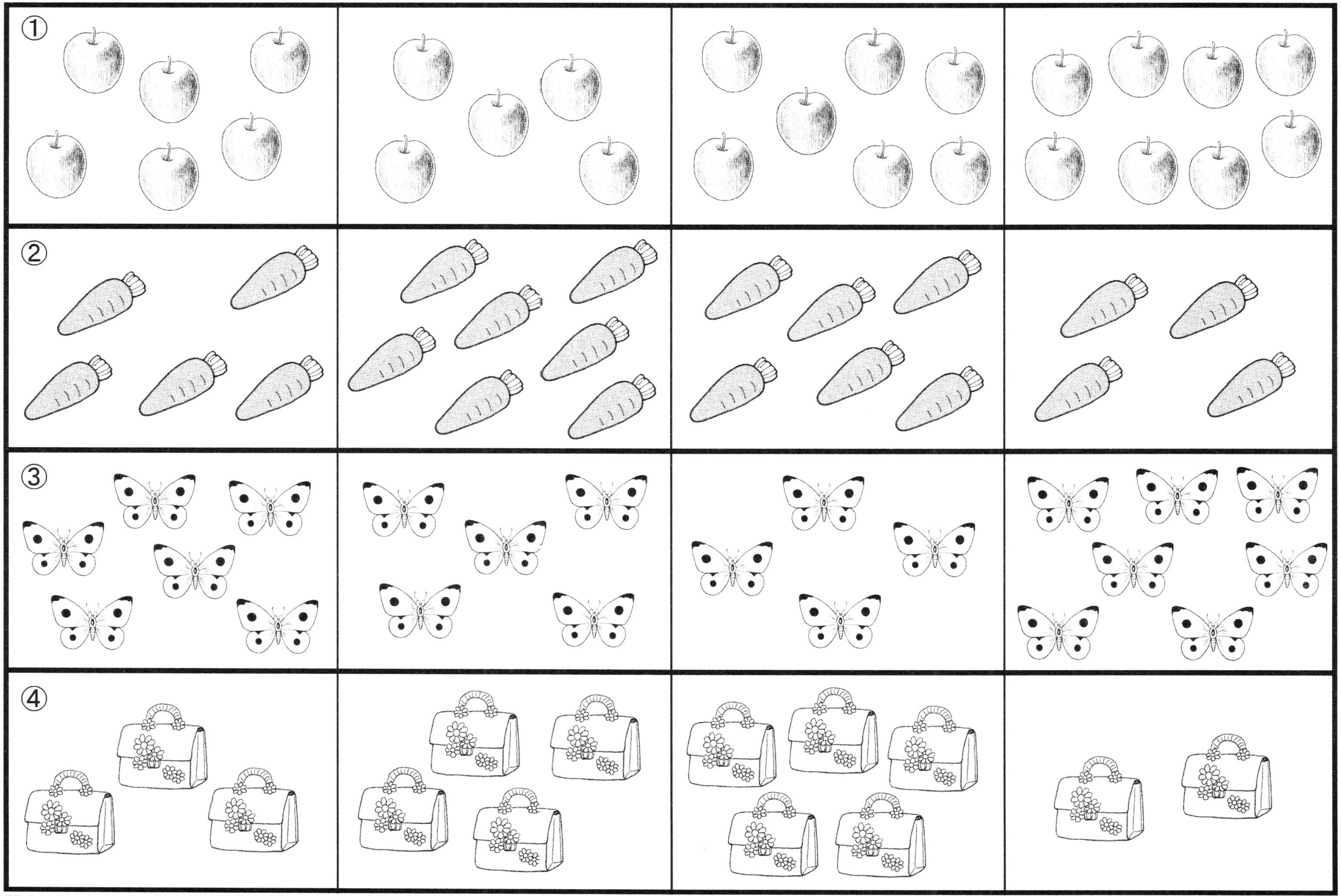

①

②

③

④

問題４０

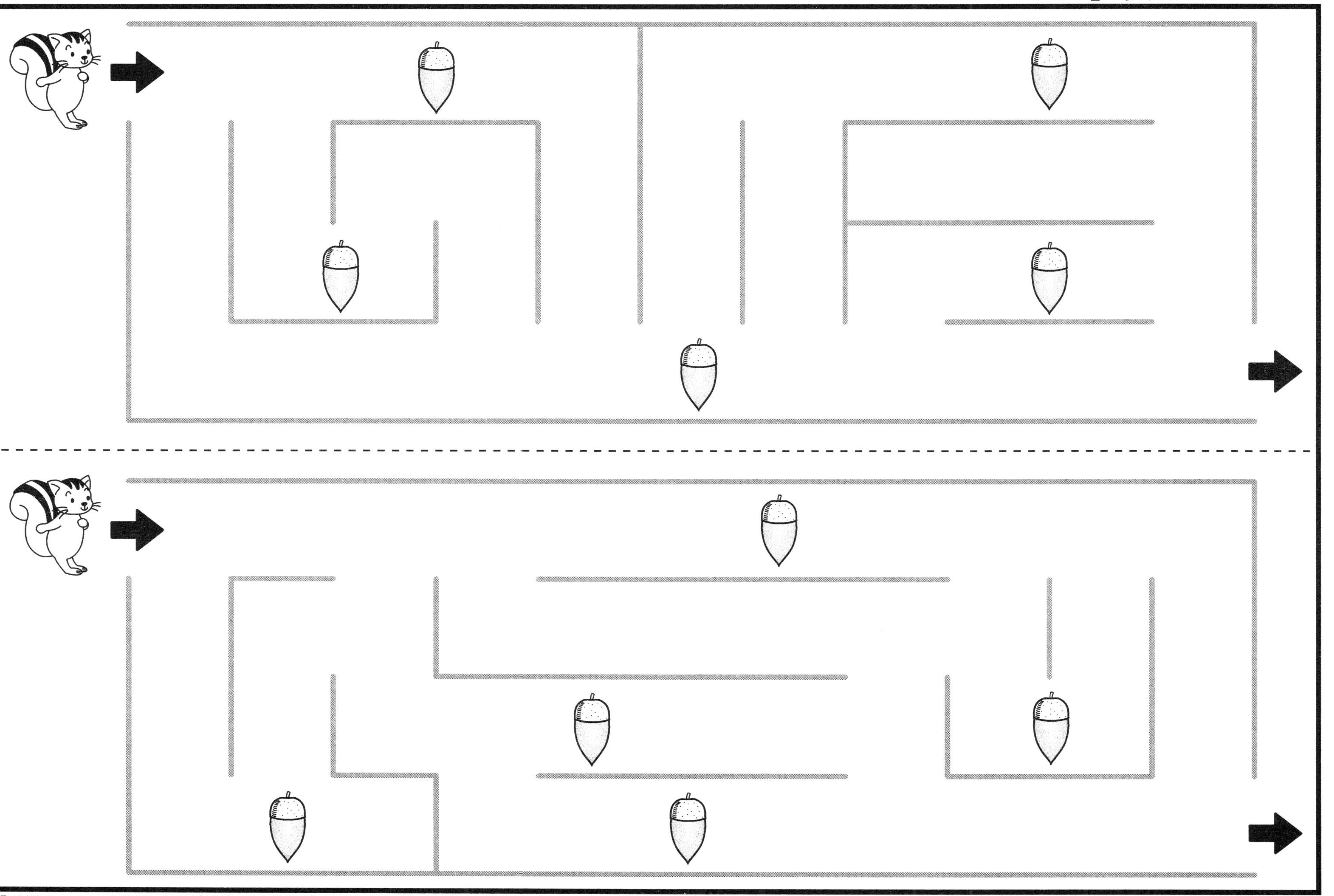

日本学習図書株式会社

図書カード 1000 円分プレゼント

ご記入日 令和　年　月　日

☆国・私立小学校受験アンケート☆

※可能な範囲でご記入下さい。選択肢は○で囲んで下さい。

〈小学校名〉＿＿＿＿＿＿＿＿　〈お子さまの性別〉男・女　〈誕生月〉＿＿月

〈その他の受験校〉（複数回答可）＿＿＿＿＿＿＿＿

〈受験日〉①：＿月＿日〈時間〉＿時＿分～＿時＿分

②：＿月＿日〈時間〉＿時＿分～＿時＿分

〈受験者数〉男女計＿＿名（男子＿＿名　女子＿＿名）

〈お子さまの服装〉＿＿＿＿＿＿＿＿

〈入試全体の流れ〉（記入例）準備体操→行動観察→ペーパーテスト

＿＿＿＿＿＿＿＿

Eメールによる情報提供

日本学習図書では、Eメールでも入試情報を募集しております。
下記のアドレスに、アンケートの内容をご入力の上、メールをお送り下さい。

ojuken@nichigaku.jp

●行動観察　（例）好きなおもちゃで遊ぶ・グループで協力するゲームなど

〈実施日〉＿月＿日〈時間〉＿時＿分～＿時＿分〈着替え〉□有 □無

〈出題方法〉□肉声 □録音 □その他（　　　）〈お手本〉□有 □無

〈試験形態〉□個別 □集団（　　人程度）

〈会場図〉

〈内容〉

□自由遊び

＿＿＿＿＿＿＿＿

□グループ活動

＿＿＿＿＿＿＿＿

□その他

＿＿＿＿＿＿＿＿

●運動テスト（有・無）　（例）跳び箱・チームでの競争など

〈実施日〉＿月＿日〈時間〉＿時＿分～＿時＿分〈着替え〉□有 □無

〈出題方法〉□肉声 □録音 □その他（　　　）〈お手本〉□有 □無

〈試験形態〉□個別 □集団（　　人程度）

〈会場図〉

〈内容〉

□サーキット運動

□走り □跳び箱 □平均台 □ゴム跳び

□マット運動 □ボール運動 □なわ跳び

□クマ歩き

□グループ活動＿＿＿＿＿＿＿＿

□その他＿＿＿＿＿＿＿＿

●知能テスト・口頭試問

〈実施日〉 ＿＿月＿＿日 〈時間〉 ＿＿時＿＿分 ～ ＿＿時＿＿分 〈お手本〉□有 □無

〈出題方法〉 □肉声 □録音 □その他（　　　　　） 〈問題数〉 ＿＿枚 ＿＿問

分野	方法	内　　　容	詳　細・イ　ラ　ス　ト
(例) お話の記憶	☑筆記 □口頭	動物たちが待ち合わせをする話	(あらすじ) 動物たちが待ち合わせをした。最初にウサギさんが来た。次にイヌくんが、その次にネコさんが来た。最後にタヌキくんが来た。 (問題・イラスト) ３番目に来た動物は誰か
お話の記憶	□筆記 □口頭		(あらすじ) (問題・イラスト)
図形	□筆記 □口頭		
言語	□筆記 □口頭		
常識	□筆記 □口頭		
数量	□筆記 □口頭		
推理	□筆記 □口頭		
その他	□筆記 □口頭		

●制作　（例）ぬり絵・お絵かき・工作遊びなど

〈実施日〉＿＿月＿＿日 **〈時間〉**＿＿時＿＿分＿＿～＿＿時＿＿分

〈出題方法〉 □肉声 □録音 □その他（　　　　　） **〈お手本〉** □有 □無

〈試験形態〉 □個別 □集団（　　　人程度）

材料・道具	制作内容
□ハサミ □のり（□つぼ □液体 □スティック） □セロハンテープ □鉛筆 □クレヨン（　色） □クーピーペン（　色） □サインペン（　色）□ □画用紙（□ A4 □ B4 □ A3 □その他：　　　　） □折り紙 □新聞紙 □粘土 □その他（　　　　）	□切る □貼る □塗る □ちぎる □結ぶ □描く □その他（　　　　） タイトル：＿＿＿＿＿＿＿＿

●面接

〈実施日〉＿＿月＿＿日 **〈時間〉**＿＿時＿＿分＿＿～＿＿時＿＿分 **〈面接担当者〉**＿＿名

〈試験形態〉 □志願者のみ（　　）名 □保護者のみ □親子同時 □親子別々

〈質問内容〉

□志望動機　□お子さまの様子

□家庭の教育方針

□志望校についての知識・理解

□その他（　　　　　　　　）

（詳　細）

・

・

・

・

※試験会場の様子をご記入下さい。

例

校長先生　教頭先生

㊛ ㊘ ㊀ → 父 子 母

出入口

●保護者作文・アンケートの提出（有・無）

〈提出日〉 □面接直前 □出願時 □志願者考査中 □その他（　　　　　　　）

〈下書き〉 □有 □無

〈アンケート内容〉

（記入例）当校を志望した理由はなんですか（150字）

●説明会（□有　□無）〈開催日〉＿＿月＿＿日〈時間〉＿＿時＿＿分〜＿＿時＿＿分

〈上履き〉　□要　□不要　〈願書配布〉　□有　□無　〈校舎見学〉　□有　□無

〈ご感想〉

●参加された学校行事（複数回答可）

公開授業〈開催日〉＿＿月＿＿日〈時間〉＿＿時＿＿分〜＿＿時＿＿分

運動会など〈開催日〉＿＿月＿＿日〈時間〉＿＿時＿＿分〜＿＿時＿＿分

学習発表会・音楽会など〈開催日〉＿＿月＿＿日〈時間〉＿＿時＿＿分〜＿＿時＿＿分

〈ご感想〉

※是非参加したほうがよいと感じた行事について

●受験を終えてのご感想、今後受験される方へのアドバイス

※対策学習（重点的に学習しておいた方がよい分野）、当日準備しておいたほうがよい物など

＊＊＊＊＊＊＊＊＊＊＊＊　ご記入ありがとうございました　＊＊＊＊＊＊＊＊＊＊＊＊

必要事項をご記入の上、ポストにご投函ください。

なお、本アンケートの送付期限は入試終了後３ヶ月とさせていただきます。また、入試に関する情報の記入量が当社の基準に満たない場合、謝礼の送付ができないことがございます。あらかじめご了承ください。

ご住所：〒＿＿＿＿＿＿＿＿＿＿＿＿＿＿＿＿

お名前：＿＿＿＿＿＿＿＿＿＿　メール：＿＿＿＿＿＿＿＿＿＿

ＴＥＬ：＿＿＿＿＿＿＿＿＿＿　ＦＡＸ：＿＿＿＿＿＿＿＿＿＿

アンケートのご記入ありがとうございました

ご記入頂いた個人に関する情報は、当社にて厳重に管理致します。弊社の個人情報取り扱いに関する詳細は、www.nichigaku.jp/policy.php の「個人情報の取り扱い」をご覧下さい。

分野別 小学入試練習帳 ジュニアウォッチャー

1．点・線図形	小学校入試で出題頻度の高い『点・線図形』の模写を、難易度の低いものから段階別に幅広く練習することができるように構成。
2．座標	図形の位置模写という作業を、難易度の低いものから段階別に練習できるように構成。
3．パズル	様々なパズルの問題を難易度の低いものから段階別に練習できるように構成。
4．同図形探し	小学校入試で出題頻度の高い、同図形選びの問題を繰り返し練習できるように構成。
5．回転・展開	図形などを回転、または展開したとき、形がどのように変化するかを学習し、理解を深められるように構成。
6．系列	数、図形などの様々な系列問題を、難易度の低いものから段階別に練習できるように構成。
7．迷路	迷路の問題を繰り返し練習できるように構成。
8．対称	対称に関する問題を４つのテーマに分類し、各テーマごとに問題を段階別に練習できるように構成。
9．合成	図形の合成に関する問題を、難易度の低いものから段階別に練習できるように構成。
10．四方からの観察	もの（立体）を様々な角度から見て、どのように見えるかを推理する問題を段階別に整理し、１つの形式で複数の問題を練習できるように構成。
11．いろいろな仲間	ものや動物、植物の共通点を見つけ、分類していく問題を中心に構成。
12．日常生活	日常生活における様々な問題を６つのテーマに分類し、各テーマごとに一つの問題形式で複数の問題を練習できるように構成。
13．時間の流れ	『時間』に着目し、様々なものごとは、時間が経過するとどのように変化するのかということを学習し、理解できるように構成。
14．数える	様々なものを『数える』ことから、数の多少の判定やかけ算、わり算の基礎までを練習できるように構成。
15．比較	比較に関する問題を５つのテーマ（数、高さ、長さ、量、重さ）に分類し、各テーマごとに問題を段階別に練習できるように構成。
16．積み木	数える対象を積み木に限定した問題集。
17．言葉の音遊び	言葉の音に関する問題を５つのテーマに分類し、各テーマごとに問題を段階別に練習できるように構成。
18．いろいろな言葉	表現力をより豊かにするいろいろな言葉として、擬態語や擬声語、同音異義語、反意語、数詞を取り上げた問題集。
19．お話の記憶	お話を聴いてその内容を記憶、理解し、設問に答える形式の問題集。
20．見る記憶・聴く記憶	「見て憶える」「聴いて憶える」という『記憶』分野に特化した問題集。
21．お話作り	いくつかの絵を元にしてお話を作る練習をして、想像力を養うことができるように構成。
22．想像画	描かれてある形や景色に好きな絵を描くことにより、想像力を養うことができるように構成。
23．切る・貼る・塗る	小学校入試で出題頻度の高い、はさみやのりなどを用いた巧緻性の問題を繰り返し練習できるように構成。
24・絵画	小学校入試で出題頻度の高い、お絵かきやぬり絵などクレヨンやクーピーペンを用いた巧緻性の問題を繰り返し練習できるように構成。
25．生活巧緻性	小学校入試で出題頻度の高い日常生活の様々な場面における巧緻性の問題集。
26．文字・数字	ひらがなの清音、濁音、拗音、拗長音、促音と１～20までの数字に焦点を絞り、練習できるように構成。
27．理科	小学校入試で出題頻度が高くなりつつある理科の問題を集めた問題集。
28．運動	出題頻度の高い運動問題を種目別に分けて構成。
29．行動観察	項目ごとに問題提起をし、「このような時はどうか、あるいはどう対処するのか」の観点から問いかける形式の問題集。
30．生活習慣	学校から家庭に提起された問題と思って、一問一問絵を見ながら話し合い、考える形式の問題集。
31．推理思考	数、量、言語、常識（含理科、一般）など、諸々のジャンルから問題を構成し、近年の小学校入試問題傾向に沿って構成。
32．ブラックボックス	箱や筒の中を通ると、どのようなお約束でどのように変化するかを推理・思考する問題集。
33．シーソー	重さの違うものをシーソーに乗せた時どちらに傾くのか、またどうすればシーソーは釣り合うのかを思考する基礎的な問題集。
34．季節	様々な行事や植物などを季節別に分類できるように知識をつける問題集。
35．重ね図形	小学校入試で頻繁に出題されている「図形を重ね合わせてできる形」についての問題を集めました。
36．同数発見	様々な物を数え「同じ数」を発見し、数の多少の判断や数の認識の基礎を学べるように構成した問題集。
37．選んで数える	数の学習の基本となる、いろいろなものの数を正しく数える学習を行う問題集。
38．たし算・ひき算１	数字を使わず、たし算とひき算の基礎を身につけるための問題集。
39．たし算・ひき算２	数字を使わず、たし算とひき算の基礎を身につけるための問題集。
40．数を分ける	数を等しく分ける問題です。等しく分けたときに余りが出るものもあります。
41．数の構成	ある数がどのような数で構成されているか学んでいきます。
42．一対多の対応	一対一の対応から、一対多の対応まで、かけ算の考え方の基礎学習を行います。
43．数のやりとり	あげたり、もらったり、数の変化をしっかりと学びます。
44．見えない数	指定された条件から数を導き出します。
45．図形分割	図形の分割に関する問題集。パズルや合成の分野にも通じる様々な問題を集めました。
46．回転図形	「回転図形」に関する問題集。やさしい問題から始め、いくつかの代表的なパターンから、段階を踏んで学習できるよう編集されています。
47．座標の移動	「マス目の指示通りに移動する問題」と「指示された数だけ移動する問題」を収録。
48．鏡図形	鏡で左右反転させた時の見え方を考えます。平面図形から立体図形、文字、絵まで。
49．しりとり	すべての学習の基礎となる「言葉」を学ぶこと、特に「語彙」を増やすことに重点をおき、さまざまなタイプの「しりとり」問題を集めました。
50．観覧車	観覧車やメリーゴーラウンドなどを舞台にした「回転系列」の問題集。「推理思考」分野の問題ですが、要素として「図形」や「数量」も含みます。
51．運筆①	鉛筆の持ち方を学び、点線なぞり、お手本を見ながらの模写で、線を引く練習をします。
52．運筆②	運筆①からさらに発展し、「欠所補完」や「迷路」などを楽しみながら、より複雑な鉛筆運びを習得することを目指します。
53．四方からの観察 積み木編	積み木を使用した「四方からの観察」に関する問題を練習できるように構成。
54．図形の構成	見本の図形がどのような部分によって形づくられているかを考えます。
55．理科②	理科的知識に関する問題を集中して練習する「常識」分野の問題集。
56．マナーとルール	道路や駅、公共の場でのマナー、安全や衛生に関する常識を学べるように構成。
57．置き換え	さまざまな具体的・抽象的事象を記号で表す「置き換え」の問題を扱います。
58．比較②	長さ・高さ・体積・数などを数学的な知識を使わず、論理的に推測する「比較」の問題を練習できるように構成。
59．欠所補完	線と線のつながり、欠けた絵に当てはまるものなどを求める「欠所補完」に取り組める問題集です。
60．言葉の音（おん）	しりとり、決まった順番の音をつなげるなど、「言葉の音」に関する問題に取り組める練習問題集です。

◆◆ニチガクのおすすめ問題集◆◆

より充実した家庭学習を目指し、ニチガクではさまざまな問題集をとりそろえております!!

サクセスウォッチャーズ（全18巻）

①〜⑱
本体各￥2,200＋税

全９分野を「基礎必修編」「実力アップ編」の２巻でカバーした、合計18冊。

各巻80問と豊富な問題数に加え、他の問題集では掲載していない詳しいアドバイスが、お子さまを指導する際に役立ちます。

各ページが、すぐに使えるミシン目付き。本番を意識したドリルワークが可能です。

ジュニアウォッチャー（既刊60巻）

①〜⑥⓪（以下続刊）
本体各￥1,500＋税

入試出題頻度の高い９分野を、さらに60の項目にまで細分化。基礎学習に最適のシリーズ。

苦手分野におけるつまずきを、効率よく克服するための60冊です。

ポイントが絞られているため、無駄なく高い効果を得られます。

国立・私立NEWウォッチャーズ

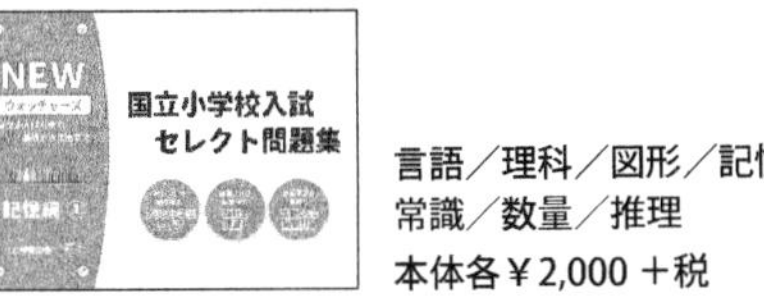

言語／理科／図形／記憶
常識／数量／推理
本体各￥2,000＋税

シリーズ累計発行部数40万部以上を誇る大ベストセラー「ウォッチャーズシリーズ」の趣旨を引き継ぐ新シリーズ!!

実際に出題された過去問の「類題」を32問掲載。全問に「解答のポイント」付きだから家庭学習に最適です。「ミシン目」付き切り離し可能なプリント学習タイプ！

実践 ゆびさきトレーニング①・②・③

本体各￥2,500＋税

制作問題に特化した一冊。有名校が実際に出題した類似問題を35問掲載。

様々な道具の扱い（はさみ・のり・セロハンテープの使い方）から、手先・指先の訓練（ちぎる・貼る・塗る・切る・結ぶ）、また、表現することの楽しさも経験できる問題集です。

お話の記憶・読み聞かせ

［お話の記憶問題集］
中級／上級編
本体各￥2,000＋税

初級／過去類似編／ベスト30
本体各￥2,600＋税

1話5分の読み聞かせお話集①・②、入試実践編①
本体各￥1,800＋税

あらゆる学習に不可欠な、語彙力・集中力・記憶力・理解力・想像力を養うと言われているのが「お話の記憶」分野の問題。問題集は全問アドバイス付き。

分野別 苦手克服シリーズ（全６巻）

図形／数量／言語／
常識／記憶／推理
本体各￥2,000＋税

数量・図形・言語・常識・記憶の６分野。アンケートに基づいて、多くのお子さまがつまづきやすい苦手問題を、それぞれ40問掲載しました。

全問アドバイス付きですので、ご家庭において、そのつまづきを解消するためのプロセスも理解できます。

運動テスト・ノンペーパーテスト問題集

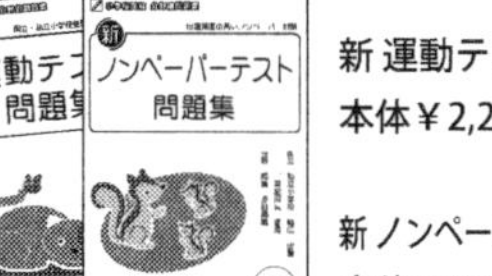

新 運動テスト問題集
本体￥2,200＋税

新 ノンペーパーテスト問題集
本体￥2,600＋税

ノンペーパーテストは国立・私立小学校で幅広く出題される、筆記用具を使用しない分野の問題を全40問掲載。

運動テスト問題集は運動分野に特化した問題集です。指示の理解や、ルールを守る訓練など、ポイントを押さえた学習に最適。全35問掲載。

口頭試問・面接テスト問題集

新 口頭試問・個別テスト問題集
本体￥2,500＋税

面接テスト問題集
本体￥2,000＋税

口頭試問は、主に個別テストとして口頭で出題解答を行うテスト形式。面接は、主に「考え」やふだんの「あり方」をたずねられるものです。

口頭で答える点は同じですが、内容は大きく異なります。想定する質問内容や答え方の幅を広げるために、どちらも手にとっていただきたい問題集です。

小学校受験 厳選難問集 ①・②

本体各￥2,600＋税

実際に出題された入試問題の中から、難易度の高い問題をピックアップし、アレンジした問題集。応用問題への挑戦は、基礎の理解度を測るだけでなく、お子さまの達成感・知的好奇心を触発します。

①は数量・図形・推理・言語、②は位置・常識・比較・記憶分野の難問を掲載。それぞれ40問。

国立小学校　対策問題集

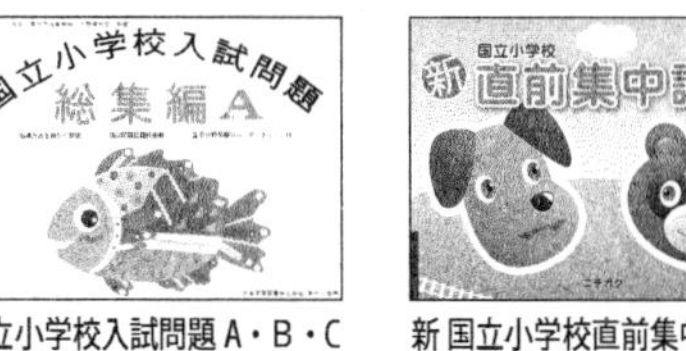

国立小学校入試問題Ａ・Ｂ・Ｃ（全３巻）本体各￥3,282＋税

新 国立小学校直前集中講座
本体￥3,000＋税

国立小学校頻出の問題を厳選。細かな指導方法やアドバイスが掲載してあり、効率的な学習が進められます。「総集編」は難易度別にＡ〜Ｃの３冊。付録のレーダーチャートにより得意・不得意を認識でき、国立小学校受験対策に最適です。入試直前の対策には「新 直前集中講座」！

おうちでチャレンジ ①・②

本体各￥1,800＋税

関西最大級の模擬試験である小学校受験標準テストのペーパー問題を編集した実力養成に最適な問題集。延べ受験者数10,000人以上のデータを分析しお子さまの習熟度・到達度を一目で判別。

保護者必読の特別アドバイス収録！

Q＆Aシリーズ

『小学校受験で知っておくべき125のこと』
『小学校受験に関する 保護者の悩みQ＆A』
『新 小学校受験の入試面接Q＆A』
『新 小学校受験 願書・アンケート文例集500』
本体各￥2,600＋税

『小学校受験のための
願書の書き方から面接まで』
本体￥2,500＋税

「知りたい！」「聞きたい！」「こんな時どうすれば…？」そんな疑問や悩みにお答えする、オススメの人気シリーズです。

ご注文お待ちしてます!

書籍についてのご注文・お問い合わせ
☎ 03-5261-8951

http://www.nichigaku.jp
※ご注文方法、書籍についての詳細は、Webサイトをご覧ください。

日本学習図書　検索

『読み聞かせ』×『質問』=『聞く力』

お話の記憶の練習に最適

1話5分の 読み聞かせお話集①②

「アラビアン・ナイト」「アンデルセン童話」「イソップ寓話」「グリム童話」、日本や各国の民話、昔話、偉人伝の中から、教育的な物語や、過去に小学校入試でも出題された有名なお話を中心に掲載。お話ごとに、内容に関連したお子さまへの質問も掲載しています。「読み聞かせ」を通して、お子さまの『聞く力』を伸ばすことを目指します。　①巻・②巻　各48話

1話7分の読み聞かせお話集 入試実践編①

最長1,700文字の長文のお話を掲載。有名でない=「聞いたことのない」お話を聞くことで、『集中力』のアップを目指します。設問も、実際の試験を意識した設問としています。ペーパーテスト実施校の多くが「お話の記憶」の問題を出題します。毎日の「読み聞かせ」と「試験に出る質問」で、「解答のポイント」をつかんで臨みましょう!　50話収録

ニチガクの この5冊で受験準備も万全!

小学校受験入門 願書の書き方から面接まで　リニューアル版

主要私立・国立小学校の願書・面接内容を中心に、学校選びや入試の分野傾向、服装コーディネート、持ち物リストなども網羅し、受験準備全体をサポートします。

小学校受験で 知っておくべき 125のこと

小学校受験の基本から怪しい「ウワサ」まで、保護者の方々からの125の質問にていねいに解答。目からウロコのお受験本。

新　小学校受験の 入試面接Q&A　リニューアル版

過去十数年に遡り、面接での質問内容を網羅。小学校別、父親・母親・志願者別、さらに学校のこと・志望動機・お子さまについてなど分野ごとに模範解答例やアドバイスを掲載。

新　願書・アンケート 文例集500　リニューアル版

有名私立小、難関国立小の願書やアンケートに記入するための適切な文例を、質問の項目別に収録。合格を掴むためのヒントが満載!願書を書く前に、ぜひ一度お読みください。

小学校受験に関する 保護者の悩みQ&A

保護者の方約1,000人に、学習・生活・躾に関する悩みや問題を取材。その中から厳選した200例以上の悩みに、「ふだんの生活」と「入試直前」のアドバイス2本立てで悩みを解決。

日本学習図書株式会社